Alle Rezepte in diesem Buch wurden sorgfältig ausprobiert und geprüft.

Die Gradangaben beim Backen sind ca. Angaben für Backen mit Heißluft. Wenn Sie mit Umluft oder einem Holzofen backen, müssen Sie die Temperatur an Ihren Ofen anpassen.

Jeder Ofen bäckt ein bisschen anders.

Auch, wenn meine vielen Gesprächspartner versicherten, dass ihre Rezepte mit Sicherheit gelingen würden, kann von Seiten des Autors keine Gewähr für die Richtigkeit und keine Verantwortung für eventuelle Schäden übernommen werden.

Jede Haftung ist ausgeschlossen.

© 2019 Martin Leopoldseder

Umschlaggestaltung: Martin Leopoldseder
www.magicleo.at
www.leo-oma.at

Herstellung und Verlag:
BoD – Books on Demand, Norderstedt

ISBN: 9783748144779

Vorwort

Liebe Backfreunde!

Wer denkt nicht gerne an die gute alte Zeit zurück, wo von der Oma noch viel selbst gebacken wurde. Der liebliche Duft selbstgebackener Mehlspeisen erfüllte das ganze Haus mit Omas Herzenswärme.

Heutzutage sind die meisten Menschen anderweitig beschäftigt als selber zu backen und kaufen sich im Supermarkt „Industriemehlspeisen" ohne Nährwert, dafür mit vielen chemischen Zusätzen.

Die Aufgabe dieses Buch ist es,

- traditionelle Rezepte nicht in Vergessenheit geraten zu lassen,
- die Wertschätzung von Lebensmitteln bei der Zubereitung wieder ins Bewusstsein zu rücken,
- wieder anzuregen, Mehlspeisen ohne spezielle, schädliche, chemische Zusatzstoffe selber zu backen.

Machen Sie Ihrer Familie oder Freunde besondere kulinarische Momente mit den Rezepten aus diesem Buch.

Eine genuss-volle Zeit wünscht Ihnen Ihr

Leopoldseder Martin – Leo Oma

Inhaltsverzeichnis

Bevor das Backen beginnt

Abkürzungen:

g .... Gramm

l .... Liter

TL ...... Teelöffel

EL ..... Esslöffel

Pkg.... Packung

kg ...... Kilogramm

ml ...... Milliliter

Msp ... Messerspitze

cl .... Centiliter

° C ..... Grad Celsius

Wenn nicht anders angegeben, kann bei den Rezepten jedes Weizenmehl oder Universalmehl verwendet werden.

Wichtige Backinformationen:

Tourieren des Blätterteiges: Den Butterziegel auf die Mitte der ausgerollten Teigplatte legen und den Teig von beiden Seiten so darüber schlagen, dass sich die Teigränder ganz wenig überlappen. Die Teigränder oben und an den Seiten leicht zusammendrücken. Diesen Block mit gleichmäßigen Druck zu einem 10 mm dicken, rechteckigen Teigstück ausrollen.

Für die **einfache Tour** die Längsseite des ausgerollten Teigstückes gedanklich dritteln. Zunächst das linke Drittel, dann das rechte Drittel locker und kantengleich über das linke Drittel schlagen. 30 Minuten kalt stellen und wiederum ausrollen.

Für die **doppelte Tour** den Teig erneut zu einem 10 mm dicken Rechteck ausrollen. Die Mittellinie der Teigplatte markieren. Beide Seiten bis zu dieser Linie einschlagen, dann übereinanderlegen. 30 Minuten kalt stellen.

Mürber Apfelstrudel

Zutaten

Für den Teig:

300 g glattes Mehl

100 g Butter

2 Eidotter

1 Prise Salz

50 g Staubzucker

$^1/_2$ Pkg. Vanillezucker

20 g Germ

ca. 3 EL Milch

Für die Fülle:

750 g Äpfel

10 g Zimt

Saft von 1 Zitrone

Schale von $^1/_2$ Zitrone

50 g Kristallzucker

80 g Rosinen

Ei zum Bestreichen

Zubereitung

Aus allen Teigzutaten einen glatten Germmürbteig kneten und mindestens $^1/_2$ Stunde kühl gehen lassen.

Die Äpfel schälen, entkernen und in Spalten schneiden. Die Rosinen waschen und mit Zimt, Zitronensaft und -schale sowie dem Zucker vermischen. Darin die Äpfel ganz kurz dünsten, die Äpfel sollen aber noch bissfest sein.

Den fertigen Teig ca. 1 cm dick zu einem Rechteck ausrollen und die ausgekühlte Fülle der Länge nach in die Mitte geben. Eine Teigseite darüber schlagen und mit verquirltem Ei bestreichen, dann die zweite Teigseite darüberlegen. Strudel auf das mit Backpapier belegte Backblech legen. An der Oberseite mit Ei bestreichen und mit einer Gabel ein beliebiges, aber sorgfältiges Muster einstechen.

Strudel nochmals gut aufgehen lassen und danach im vorgeheizten Rohr bei 180 °C etwa 40 Minuten backen. Vor dem Anschneiden sehr gut auskühlen lassen.

Mohnstrudel

Zutaten

Für den Germteig:

500 g Mehl

$^3/_{16}$ l Milch

1 Würfel Germ

80 g Staubzucker

2 Eier

2 Dotter

1 TL Salz

etwas Zitronenschale

1 Stamperl Rum

100 g Butter

Für die Fülle:

250 g Mohn

50 g Rosinen

$^1/_8$ l Milch

40 g Staubzucker

Milch oder Butter zum Bestreichen

Zubereitung

Germteig zubereiten und an einem warmen Ort zugedeckt 30 Minuten gehen lassen.

Für die Mohnfülle Milch erhitzen, Mohn dazugeben, kurz aufkochen, Zucker und Rosinen dazugeben. Fülle auskühlen lassen.

Den Teig in zwei Teile teilen, auswalken, mit Mohnfülle bestreichen, einrollen und auf ein befettetes Backblech geben.

Mit Milch oder Butter bestreichen, noch einmal 10 Minuten gehen lassen und bei 180°C 20 Minuten backen.

Omas Tipp:

Anstatt des Mohnes einfach Hasel- oder Walnüsse verwenden. Ganz schnell haben Sie einen Nusstrudel.

Apfelstrudel von Omas Wienaufenthalt

Zutaten

Für den Strudelteig:

200 g Weizenmehl

1 Prise Salz

75 ml lauwarmes Wasser

50 g zerlassene Butter oder Margarine

Für die Fülle:

1 $\frac{1}{2}$ kg Äpfel

3 Tropfen Saft einer Zitronen

75 g Butter oder Margarine

50 g Semmelbrösel

50 g Rosinen

100 g Zucker

1 Pkg. Vanillezucker

50 g gehackte Mandeln

Zubereitung

Für den Teig Mehl sowie die übrigen Teigzutaten in einer Schüssel mit einem Handrührgerät (Knethaken) zu einem glatten Teig verarbeiten. In einem kleinen Topf Wasser kochen, das Wasser ausgießen und den Topf abtrocknen. Den Teig auf Backpapier in den heißen Topf legen. Den Topf mit einem Deckel verschließen und den Teig 30 Minuten ruhen lassen.

Für die Fülle Äpfel schälen, entkernen und in feine Stifte schneiden. Zitronensaft untermischen. Butter zerlassen. Den Teig halbieren und jede Teighälfte auf einem großen bemehlten Geschirrtuch ausrollen.

Die Teige dünn mit etwas von dem Fett bestreichen, dann mit den Händen zu je einem Rechteck (35x25 cm) ausziehen. Die Ränder, wenn sie dicker sind, abschneiden. Zwei Drittel des Fettes auf den Teigplatten verstreichen, Brösel daraufstreuen. Die Fülle darauf verteilen. Die frei gelassenen Teigränder auf die Fülle klappen. Den Strudel mit Hilfe des Tuches aufrollen und auf den Backblech legen und mit zerlassener Butter bestreichen. 50 Minuten bei 180° C backen.

Topfenstrudel

Zutaten

Für den Strudelteig:

125 g Weizenmehl

1 Prise Salz

1 Ei

2 EL lauwarmes
Wasser

knapp 2 EL Speiseöl

Für die Fülle:

40 g weiche Butter
oder Margarine

40 g Zucker

1 Ei

1 EL Zitronensaft

250 g Topfen

1 Pkg. Vanillepudding

$^1/_2$ l Milch

2 EL Schlagobers

1 Dose Marillen

50 g Rosinen

Zubereitung

Für den Teig Mehl sowie die übrigen Teigzutaten in einer Schüssel mit einem Handrührgerät (Knethaken) zu einem glatten Teig verarbeiten. Den Teig auf Backpapier in einem heißen Topf legen. Den Topf mit einem Deckel verschließen und den Teig 30 Minuten ruhen lassen. Für die Fülle weiche Butter geschmeidig rühren. Nach und nach Zucker, Ei, Zitronensaft, Topfen und steifen Vanillepudding und Schlagobers unterrühren. Marillen in einem Sieb gut abtropfen lassen, fein würfelig schneiden. Den Teig halbieren und jeweils auf einem bemehlten Geschirrtuch zu einem Rechteck ausrollen. Butter zerlassen. Die Teighälften mit etwas von der zerlassenen Butter bestreichen. Jedes Teigrechteck mit der Hälfte der Fülle bestreichen und jeweils mit der Hälfte Rosinen und Marillenstücken bestreuen. Den Strudel mit Hilfe des Tuches aufrollen und auf den Backblech legen und mit zerlassener Butter bestreichen.
45 Minuten bei 180° C backen.

Zwetschkenstrudel mit Zimtsoße

Zutaten

Für den Strudel:

250 g Weizenmehl

$^1/_{16}$ l Wasser

1 Ei

Salz

20 g Öl

50 g Butter

199 g Semmelbrösel

1,5 kg Zwetschken

1 TL Zimt

3 EL Rum

zerlassene Butter

Für die Zimtsoße:

$^1/_2$ l Milch

4 Zimtstangen

2 Dotter

40 g Stärkemehl

100 g Zucker

2 TL gemahlener Zimt

$^1/_8$ l Schlagobers

Zubereitung

Mehl, Ei, etwas Wasser und Salz zu einem Teig verkneten, mit Öl bestreichen, mit Folie abdecken und mindestens 1 Stunde rasten lassen.

Butter zergehen lassen, Brösel darin knusprig anrösten. Zucker und Zimt zugeben. Strudelteig ausrollen und auf einem leicht befeuchteten Tuch auflegen und mit zerlassener Butter bestreichen. Zwetschken entkernen und in Rum marinieren. Den Strudel mit Brösel bestreuen, Zwetschken drauflegen und wieder mit Brösel bestreuen. Den Strudel einrollen und auf ein mit Backpapier belegtes Backblech setzen. Den Strudel mit zerlassener Butter bestreichen und bei 200°C goldbraun backen.

Für die Zimtsoße zwei Drittel der Milch mit Zimtstangen und Zucker aufkochen. Ein Drittel der Milch mit Dotter und Stärkemehl gut verrühren. Die Zimtstangen herausnehmen, gemahlenen Zimt zugeben.

Das Milch-Eier-Gemisch rasch einrühren und einige Minuten kochen lassen. Zuletzt noch das Schlagobers aufschlagen und unter die Soße heben. Die Soße kann kalt oder warm zum Strudel serviert werden.

Strudelsackerl mit Früchten

Zutaten

Für den Strudelteig:

250 g glattes Weizen-
mehl

20 g Öl

20 g Apfelessig

1 Prise Salz

ca. 150 ml Wasser

Für die Fülle:

$^1/_2$ Pkg. Biskotten

500 g frische Früchte

200 g Butter

1 Eidotter

Staubzucker zum
Bestreuen

Fruchtsoße von Früch-
ten, die mit der Fülle
harmonieren

Zubereitung

Für den Strudelteig alle Zutaten mit dem Mixer mit Knethaken zu einem geschmeidigen Teig kneten. Diesen mit wenig Mehl auf der Arbeitsfläche glattkneten und mit Öl bestreichen. Auf einem Teller zugedeckt mindestens $^1/_2$ Stunde rasten lassen.

Strudelteig ausziehen und in Quadrate von ca 12 x 12 cm schneiden. Dotter und zerlassene, ausgekühlte Butter vermischen und Teigstücke damit bestreichen. Biskottenstücke in die Mitte der Teigquadrate legen, je ein Fruchtstück daraufsetzen. Den Strudelteig an den Enden hochnehmen, damit die Form eines "Sackerls" entsteht.

Im vorgeheizten Backrohr bei 190 °C hellbraun backen und mit Staubzucker bestreuen.

Mit einer Fruchtsoße anrichten.

Zwetschken-Mohn Strudel

Zutaten

Für den Germteig:

125 ml lauwarme Milch

20 g Germ

300 g Mehl

60 g Zucker

1 Prise Salz

60 g zerlassene Butter

1 Ei

Für die Fülle:

125 ml Milch

70 g Zucker

120 g fein gemahlener Mohn

1 EL Honig

1 EL Rum

etwas gemahlener Zimt

250 g Zwetschken

1 Ei zum Bestreichen

Zubereitung

Für den Germteig zuerst die Germ in der lauwarmen Milch auflösen. Mehl, Zucker, Salz, Butter und Ei in eine Rührschüssel geben. Das Germ-Milch-Gemisch langsam dazu gießen und alles zusammen zu einem glatten Teig verkneten. Zugedeckt an einem warmen Ort zu doppeltem Volumen aufgehen lassen.

Inzwischen für die Fülle Milch und Zucker in einen Topf geben. Auf dem Herd aufkochen lassen, den Mohn einrühren und kurz etwas einkochen lassen. Danach wieder vom Herd nehmen und Honig, Rum und Zimt unterrühren. Abkühlen lassen.

Den aufgegangenen Germteig auf einer leicht bemehlten Arbeitsfläche zu einem ca. 30 x 40 cm großen Rechteck ausrollen und mit der Mohnfülle bestreichen. Die Zwetschken entkernen und vierteln. Auf der Mohnfülle verteilen. Den Strudel vorsichtig einrollen und die Enden gut zusammendrücken. Auf ein mit Backpapier belegtes Backblech legen. Zugedeckt noch einmal etwa 30 Minuten gehen lassen. Danach das Ei mit der Milch versprudeln und den Strudel damit bestreichen. Bei 180 °C ca. 30 Minuten backen.

Marillen-Marzipan Strudel

Zutaten

Für den Strudel:

250 g Weizenmehl

$^1/_{16}$ l Wasser

1 Ei

Salz

20 g Sonnenblumen-
öl

1 kg entkernte Marillen

Semmelbrösel (oder
Biskuitbrösel)

Zucker (nach Belie-
ben)

1 Prise Zimt

40 ml Marillenschnaps

200 g Marzipan

Zubereitung

Mehl, Ei, etwas Wasser und Salz zu einem Teig verkneten, mit Öl bestreichen, mit Folie abdecken und mindestens 1 Stunde rasten lassen.

Brösel in Butter leicht braun werden lassen und die Marillen zufügen, Zucker nach Belieben dazugeben.

Marzipanwürfel im Marillenschnaps zum Kochen bringen und unter die Marillen mengen.

Die Fülle auf den mit Butter bestrichenen Strudel legen und aufrollen. Mit Butter bestreichen. Den Strudel im Backrohr bei ca. 175 °C goldbraun backen.

Omas Tipp:

Anstatt Marillenschnaps einfach Marillensaft verwenden, um den Strudel auch für unsere Kleinsten zu backen.

Bananenschnitten

Zutaten

Für den Biskuitteig:

7 Eier

210 g Zucker

180 g Mehl

20 g Kakaopulver

20 g Vanillepudding-
pulver

2 EL Öl

Für die Puddingcreme:

$^1/_2$ l Milch

3 EL Zucker

1 Pkg. Vanillepudding

120 g Butter

Für die Schokoglasur:

100 g Schokolade

$^1/_{16}$ l Schlagobers

Marmelade zum
Bestreichen

Bananen zum Belegen

Zubereitung

Für das Biskuit Eier und Zucker schaumig rühren. Mehl, Vanillepuddingpulver und Kakaopulver verrühren und unter die Schaummasse heben. Ganz zum Schluss Öl unterheben. Im vorgeheizten Rohr bei 180°C ungefähr 15 Minuten backen.

Vanillepudding zubereiten und auskühlen lassen. Butter schaumig rühren und nach und nach Vanillepudding einrühren. Sollte die Masse ausflocken, dann geben Sie bei ständigem Rühren einige Tropfen Öl dazu.

Ausgekühlten Biskuit mit Marmelade bestreichen, mit Bananenstücken belegen und mit Puddingcreme abdecken. Zum Schluss mit Schokoglasur (Schokolade und Schlagobers erwärmen) glasieren.

Kardinalschnitten

Zutaten

Für die Schnee-Masse:

6 Eiklar

180 g Kristallzucker

Für die Biskuitmasse:

2 ganze Eier

3 Dotter

50 g Staubzucker

1 Pkg. Vanillezucker

60 g Mehl

Für die Fülle:

1 Pkg. Schlagobers

1 Pkg. Vanillezucker

1 Pkg. Sahnesteif

Marmelade zum Bestreichen

Zubereitung

Für die Schnee-Masse Eiklar mit Kristallzucker sehr steif schlagen.

Für die Biskuitmasse Eier, Dotter, Staub- und Vanillezucker sehr schaumig rühren. Anschließend Mehl unterheben.

Mit der ersten Masse drei Streifen auf ein Backblech aufspritzen. Dazwischen zwei Streifen Biskuitmasse dosieren. Mit Staubzucker bestäuben.

Für die zweite Teigplatte zuerst drei Streifen mit der Biskuitmasse aufspritzen. Dazwischen die Schnee-Masse einfüllen. Wiederum mit Staubzucker bestäuben.

Bei 180 °C ca. 12-15 Minuten backen. (ACHTUNG: Das Blech sollte sich jeweils in der Backofenmitte befinden.)

Die abgekühlten Teigplatten mit Marmelade und mit der Fülle bestreichen.

Nutellaschnitten

Zutaten

Für die Biskuitmasse:

6 Eier

300 g Staubzucker

1 Pkg. Vanillezucker

$1/8$ l Wasser

$1/8$ l Öl

150 g Schokolade

200 g Mehl

1 EL Kakao

1 Pkg. Backpulver

Für die Creme:

2 Pkg. Vanillepudding

1 l Milch

$1/2$ l Schlagobers

8 Blatt Gelatine

3 Pkg. Sahnesteif

3 EL Staubzucker

Nutella

Zubereitung

Dotter und Zucker schaumig rühren. Wasser, Öl und erweichte Schokolade einrühren. Mehl, Kakao und Backpulver versieben und gemeinsam mit Eischnee unter die Masse rühren.

Bei ca. 180 °C backen.

Vanillepudding zubereiten und gut auskühlen lassen. Schlagobers mit Sahnesteif steif schlagen. Unter Rühren das Schlagobers den Pudding beimengen. Die eingeweichte Gelatine ausdrücken, auflösen und rasch in die Masse einrühren.

Crememasse halbieren. Den ersten Teil auf den fertigen Kuchenboden streichen. Den zweiten Teil mit 4-5 EL Nutella vermengen und über die andere Creme streichen.

Lambadaschnitten

Zutaten

Für den Teig:

4 Eier

250 g Zucker

1 Pkg. Vanillezucker

$^1/_8$ l Sonnenblumen-Öl

$^1/_8$ l Milch

300 g Mehl

$^1/_2$ Pkg. Backpulver

Für den Belag:

1 Pkg. Vanillepudding

$^1/_2$ l Orangensaft

3 EL Zucker

6 Blatt Gelatine

$^1/_4$ - $^1/_2$ l Schlagobers

Biskotten

Zubereitung

Aus den Zutaten einen Rührteig mit Schnee zubereiten, am befetteten Blech backen und auskühlen lassen.

Für den Belag Puddingpulver mit Orangensaft kochen. Auf den ausgekühlten Kuchen streichen. Schlagobers steif schlagen, Gelatine unterziehen und auf die Puddingmasse streichen.

Biskotten in Orangensaft kurz tränken und den Kuchen belegen.

Mit Schokoladeglasur verzieren.

Linzer Schnitte

Zutaten

Für den Teig:

300 g Mehl

2 TL Backpulver

300 g geriebene
   Nüsse

300 g Butter

200 g Staubzucker

140 g geriebene
   Schokolade

4 Eier

1 Prise Salz

Zimt

Für den Belag:

Ribiselmarmelade

Mandelblättchen zum
Bestreuen

Zubereitung

Butter, Staubzucker, Eidotter und Zimt schaumig rühren. Eiklar mit Salz zu Schnee schlagen. Mehl, Nüsse, Schokolade und Backpulver vermischen und mit dem Eischnee unter die Buttermasse rühren. Falls die Masse etwas fest ist, einen Schuss Milch hinzufügen.

Gut $^2/_3$ dieser Masse auf ein befettetes, bemehltes Blech streichen. Mit Ribiselmarmelade bestreichen und die restliche Masse als Gitter aufspritzen, eventuell mit Mandelblättchen bestreuen.

Bei 170 °C ca. 50 Minuten backen.

Apfelmus-Schnitte

Zutaten

Für den Mürbteig:

250 g Mehl

1 TL Backpulver

1 Prise Salz

125 g Butter

100 g Zucker

1 Ei

Für die Apfelfülle:

1 kg Äpfel

150 g Zucker

1 Pkg. Vanillepudding

etwas Zimt

2 Becher Schlagobers

Zubereitung

Mürbteig zubereiten und 20 Minuten rasten lassen. Teig ausrollen und auf einem Blech bei 180 °C ca. 8 Minuten goldgelb backen.

Für die Fülle die Äpfel schälen, vierteln und mit Zucker weichdünsten. Äpfel pürieren und das Apfelmus mit Vanillepuddingpulver eindicken. Zum Abschmecken eignet sich Zimt.

Das heiße Apfelmus über dem gebackenen Mürbteig verteilen. Nun die Schnitten einige Stunden kalt stellen. Vor dem Servieren das geschlagene Schlagobers über die Apfelmus-Schnitten aufstreichen.

Mohn-Topfen-Schnitten mit Pfirsich

Zutaten

Für den Teig:

200 g Butter

150 g Staubzucker

6 Eier

Vanillezucker

120 g Kristallzucker

250 g Mohn gemahlen

150 g Haselnüsse

1 Pkg. Backpulver

Für die Creme:

500 g Magertopfen

100 g Staubzucker

Saft von 1 Zitrone

1 TL Vanillezucker

1 Prise Salz

$^1/_4$ l Schlagobers

6 Blatt Gelatine

500 g Pfirsichmus

60 g Staubzucker

6 Blatt Gelatine

Zubereitung

Butter mit Staubzucker, Vanillezucker und Salz cremig rühren. Dotter nach und nach einrühren. Eiklar mit Kristallzucker zu steifem Schnee aufschlagen. Mohn, Backpulver und Haselnüsse zum Rührteig geben und gut untermengen. Zuletzt Schnee unterheben. Auf ein mit Backpapier belegtes tiefes Backblech streichen und im vorgeheizten Rohr bei 180 °C ca. 25 Minuten backen.

Für die Creme Staubzucker, Vanillezucker, Salz und Zitronensaft mit passiertem Topfen glattrühren. Die eingeweichte Gelatine ausdrücken, auflösen und rasch in die Masse einrühren. Geschlagenes Schlagobers unterheben. Kuchenboden wenden und Backpapier abziehen und wieder ins Backblech zurücklegen. Creme darauf verrühren. Mit einer Zackenspachtel Rillen ziehen.

Pfirsichmus und Staubzucker verrühren. Die aufgelöste Gelatine hinzufügen und gut vermengen. Kurz überkühlen lassen, damit die Masse nicht mehr zu flüssig ist. Pfirsichmus über die Topfencreme gießen und gleichmäßig verteilen. Die Schnitte 2-3 Stunden kalt stellen, bis die Creme erstarrt ist.

Donauwellen

Zutaten

Für den Rührteig:

2 Gläser Sauer-
    kirschen

250 g weiche Butter
    oder Margarine

200 g Zucker

1 Pkg. Vanillezucker

1 Prise Salz

5 Eier

375 g Weizenmehl

3 TL Backpulver

20 g Kakaopulver

1 EL Milch

Für die Buttercreme:

1 Pkg. Vanillepudding

100 g Zucker

$^1/_2$ l Milch

250 g weiche Butter

Schokoglasur

Zubereitung

Für den Teig die Kirschen in einem Sieb gut abtropfen lassen. Margarine oder Butter in einer Rührschüssel mit dem Mixer geschmeidig rühren. Nach und nach Zucker, Vanillezucker und Salz unter Rühren hinzufügen, bis eine gebundene Masse entsteht. Jedes Ei etwa eine $^1/_2$ Minute auf höchster Stufe unterrühren. Mehl mit Backpulver mischen und in 2 Portionen unterheben. Knapp zwei Drittel des Teiges auf das Backblech streichen. Kakaopulver sieben, mit Milch unter den übrigen Teig rühren und gleichmäßig auf dem hellen Teig verteilen. Die gut abgetropften Kirschen auf den dunklen Teil verteilen und mit dem Löffel etwas in den Teig drücken. Den Boden bei ca. 180 ° C etwa 40 Minuten backen.

Für die Buttercreme aus Puddingpulver, 100 g Zucker und Milch nach Packungsanleitung einen Pudding zubereiten. Weiche Butter mit dem Mixer geschmeidig rühren. Erkalteten Pudding esslöffelweise darunter rühren. Den Boden gleichmäßig mit der Creme bestreichen.

Die Schokoladenglasur auf die fest gewordene Buttercreme streichen und mit einer Tortenspachtel verzieren.

Erdbeerschnittchen

Zutaten

Für den Mürbteig:

300 g Mehl (glatt)

200 g Butter (kalt)

100 g Zucker

1 Pkg. Vanillezucker

1 Ei

1 Prise Salz

Für den Belag:

500 g Erdbeeren

400 ml Schlagobers

60 g Honig

500 g Frischkäse (z.B. Mascarpone)

1 EL Vanillezucker

5 Blatt Gelatine

50 g gehackte Pistazien

Zubereitung

Für den Mürbteig alle Zutaten mit kalten Händen rasch zu einem Teig verkneten. Den Teig in Frischhaltefolie wickeln. 1–2 Stunden rasten lassen. Den Teig auf einem mit Backpapier ausgelegten Backblech ausrollen. Einen kleinen Rand formen. Boden mehrfach mit einer Gabel einstechen. Im Ofen bei 180 °C etwa 15-20 Minuten backen.

Erdbeeren waschen. 300 g davon pürieren. Mit geschlagenem Schlagobers, Frischkäse, Honig und Vanilezucker verrühren. Gelatine einweichen, auflösen. Die Masse samt Gelatine über das Püree ziehen. Die Masse etwa 15 Minuten im Kühlschrank lagern, bis sie geliert. Anschließend gleichmäßig auf den Kuchen geben, glatt streichen, weitere 45 Minuten kalt stellen. Restliche Erdbeeren halbieren, mit den Pistazien auf dem Kuchen dekorativ verteilen.

Omas Tipp:

Anstatt der Erdbeeren Früchte / Obst der Saison verwenden.

Raffaelo-Schnitten

Zutaten

Für den Teig:

4 Dotter

200 g Staubzucker

100 ml Öl

100 ml Wasser

160 g griffiges Mehl

1 Pkg. Backpulver

2 EL Kakao

4 Eiklar (Schnee)

Für die Creme:

300 g weiße
   Schokolade

3 Becher Schlagobers

2 Pkg. Vanillezucker

Kokosett zum
Bestreuen

Zubereitung

Eier und Zucker schaumig rühren. Wasser und Öl langsam einrühren. Schnee schlagen. Backpulver und Kakao unter das Mehl mischen. Schnee, Mehl unter die Dottermasse heben. Bei 160 °C backen.

Für die Creme die weiße Schokolade erweichen (nicht zu heiß!) und unter das mit Vanillezucker fest geschlagene Schlagobers unterheben. Creme auf den Kuchen streichen. Mit Kokosett bestreuen.

Feine Schokoschnitten

Zutaten

Für den Rührteig:

300 g Zartbitterscho-
kolade

250 g Margarine oder
Butter

1 Pkg. Vanillezucker

1 Prise Salz

6 Eier

1 Becher Sauerrahm

300 g Weizenmehl

50 g Speisestärke

30 g Kakaopulver

3 TL Backpulver

100 ml Rum

Zum Bestreuen:

50 g Mandelstifte

Für die Glasur:

200 g Schokolade

1-2 EL Speiseöl

Zubereitung

Für den Teig Schokolade in Stücke brechen und mit Margarine oder Butter unter Rühren in einem kleinen Topf schmelzen. Die Masse in eine Rührschüssel geben und etwas abkühlen lassen. Nach und nach Zucker, Vanillezucker und Salz unter Rühren mit dem Mixer hinzufügen, bis eine gebundene Masse entsteht. Jedes Ei etwa $1/2$ Minute auf höchster Stufe unterrühren. Sauerrahm unterrühren. Mehl mit Stärke, Kakao und Backpulver mischen und in 2 Portionen abwechseln mit dem Rum kurz auf mittlere Stufe einrühren.

Den Teig auf das Backblech geben und glatt streichen. Vor den Teig einen mehrfach geknickten Streifen Alufolie legen. Das Backblech auf mittlerer Einschubleiste in den vorgeheizten Backofen schieben. Bei 180 °C backen. Nach etwa 10 Minuten Backzeit die Mandeln auf den Kuchen streuen den Kuchen zurück in den Backofen schieben und den Kuchen weitere ~ 20 Minuten backen.

Für die Glasur Schokolade in Stücke brechen, mit Speiseöl unter Rühren im Wasserbad bei schwacher Hitze schmelzen. Den Kuchen damit überziehen.

Über-Drüber-Schnitten

Zutaten

Für den Boden:

4 Eier

120 g Zucker

100 g Mehl

1 Pkg. Vanillezucker

etwas Backpulver

Für die Drübermasse:

100 g Butter

320 g Kristallzucker

4 Eier

$\frac{1}{16}$ l Milch

150 g Mehl

1 TL Backpulver

150 g Mandelblättchen

Für die Creme:

$\frac{1}{2}$ l Schlagobers

40 g Staubzucker

3 Pkg. Vanillezucker

Sahnesteif

2 Pkg. Vanillejoghurt

Zubereitung

Für den Boden Eier, Zucker Vanillezucker, Mehl und Backpulver schaumig rühren. Teig auf ein befettetes und bemehltes Blech streichen und bei Mittelhitze goldgelb backen.

Zimmerwarme Butter mit 120 g Kristallzucker schaumig rühren. Eier trennen. Dotter einzeln nach und nach unter den Butterabtrieb rühren. Milch langsam einrühren. Mehl mit Backpulver versieben, unterheben und Teig auf ein mit Backpapier ausgelegtes Backblech streichen. Das Eiklar mit den restlichen 200 g Kristallzucker zu steifem Schnee schlagen. Eischnee auf den Teig streichen, mit Mandelblättchen bestreuen und im vorgeheizten Rohr bei 170 °C backen.

Für die Creme Schlagobers mit Staubzucker, Vanillezucker und Sahnesteif laut Packungsaufschrift steif schlagen. Vanillejoghurt nach und nach untermengen. Die Creme etwa 30 Minuten kalt stellen.

Punschschnitte

Zutaten

Für das Biskuit:

6 Eier

220 g Zucker

150 g Mehl

Für die Fülle:

100 g Marmelade

100 g erweichte
Schokolade

Staubzucker nach
Geschmack

Zitronensaft

Biskuitbrösel

Für die Glasur:

200 g Staubzucker

2 EL Rum

Himbeersaft

Zubereitung

Biskuit aus den 6 Eiern, Zucker und Mehl bereiten.

Am Blech backen, in zwei Hälften teilen, einen Teil mit Fülle bestreichen, zweite Hälfte darüber klappen.

Für die Glasur Staubzucker mit zwei EL Rum und etwas Himbeersaft verrühren.

Die Schnitte mit der Glasur überziehen.

Topfenschnitten

Zutaten

Für das Biskuit:

6 Eier

220 g Staubzucker

150 g Mehl

Für die Fülle:

6 Blatt Gelatine

2 Pkg. Topfen

5 EL Staubzucker

3 EL Zitronensaft

$^1/_4$ l Schlagobers

Zubereitung

Biskuit aus den Eiern, Staubzucker und Mehl zubereiten. Am befetteten Blech backen. Auskühlen lassen und in zwei Hälften teilen.

Für die Fülle Gelatine auflösen und zum Topfen untermischen. Den Zucker untermischen. Das Schlagobers steif schlagen und unter die Topfenmasse mischen. Kurz stocken lassen und auf eine Hälfte des Biskuites streichen.

Die zweite Biskuithälfte auf die Topfenmasse aufsetzen und mit Staubzucker bestreuen.

Teeschnitten

Zutaten

Für den Teig:

210 g Mehl

160 g Butter oder
Margarine

100 g Staubzucker

Zitronenschale

80 g Haselnüsse

3 Dotter

Für die Fülle:

3 Eiklar

160 g Staubzucker

150-180 g Kokosett

1 TL Essig

Zubereitung

Mehl auf ein Nudelbrett geben. Butter oder Margarine hineinschneiden und mit Mehl vermengen, so dass Klümpchen entstehen. Staubzucker, Zitronenschale, Nüsse und Dotter rasch zu einem Teig verarbeiten. Auf ein Blech ausrollen und mit Marmelade bestreichen.

Für die Fülle den Schnee steif schlagen. Die übrigen Zutaten einheben.

Die Fülle auf den Teig streichen. Backen und sofort in Stücke schneiden.

Schwarzbeerschnitten

Zutaten

Für das Biskuit:

4 Eier

120 g Zucker

120 g Mehl

Für die Fülle:

$1/4$ l Milch

100 g Staubzucker

4 EL Milch

$1/2$ Pkg. Vanillepudding

Für den Belag:

175 ml Waser

1 Msp. Zimt

3 EL Zucker

2 EL Stärkemehl

2 EL Wasser

250 g Heidelbeeren

2 Eiklar

60 g Zucker

50 g Staubzucker

Zubereitung

Eier und Zucker cremig aufschlagen. Das Mehl darüber sieben und vorsichtig unterheben.

Die Masse auf ein Backblech streichen und bei 200 °C etwa 12 Minuten backen. Nach dem Backen sofort auf ein mit Zucker bestreutes Papier stürzen, das Backpapier mit kaltem Wasser bestreichen und vorsichtig abziehen.

Für die Fülle einen Pudding zubereiten. Das Biskuit waagrecht zu zwei gleichen Rechtecken schneiden. Ein Biskuitblatt mit Marmelade bestreichen und mit der zweiten Hälfte abdecken. Die Oberfläche mit dem noch warmen Pudding bestreichen.

Für den Belag Wasser, Zimt und Zucker aufkochen. Stärke und Wasser glattrühren und in das kochende Wasser einrühren. Die Heidelbeeren dazugeben und nochmals aufkochen lassen. Die heiße Masse auf den Pudding streichen und erkalten lassen.

Für den Eischnee Eiklar und Zucker steifschlagen und den Staubzucker unterheben. Den Schnee auf die erkalteten Heidelbeeren in Spiralform aufspritzen. Bei 220 °C ca. 5 Minuten backen.

Esterhazy-Schnitten

Zutaten

Für die Biskuitmasse:

7 Eiklar

210 g Kristallzucker

210 g geriebene
    Haselnüsse

Für die Creme:

Haselnüsse

2 Pkg. Vanillepudding

1 l Milch

$^1/_2$ l Schlagobers

2-3 Pkg. Sahnesteif

8 Blatt Gelatine

Für die Glasur:

100 g passierte
    Marillenmarme-
    lade

30 g Kochschokolade

150 g Fondant

100 g gehobelte
    Mandeln

Zubereitung

Die Eiklar mit Zucker mischen und Schnee schlagen. Die Haselnüsse einheben. Die Masse auf zwei Backbleche streichen und bei 200 °C etwa 15 Minuten backen. Noch heiß in der Breite in je drei Teile schneiden und auskühlen lassen.

Für die Creme Pudding zubereiten und gut auskühlen lassen. Schlagobers mit Sahnesteif steif schlagen und unter den Pudding rühren. Gelatine erweichen und unter die Creme mischen. Die Creme auf die Biskuitsteifen streichen und zusammensetzen. Eine kleine Menge zum Verstreichen der Seitenränder zurücklassen.

Für die Glasur die Kochschokolade zerkleinern und im Wasserbad schmelzen. In eine Spritztüte füllen. Das Fondant auf etwa 35 °C erwärmen und mit wenig Wasser zu einer dünnflüssigen Konsistenz verrühren. Die Oberseite der beiden Streifen dünn damit glasieren. In das weiche Fondant sofort mit der Spritztüte der Länge nach in 6-7 mm Abständen Linien ziehen und mit der Spitze eines kleinen Messers das Muster zeichnen. Die Seiten mit der restlichen Creme bestreichen und mit Mandeln bestreuen.

Schneewittchenkuchen

Zutaten

Für die Biskuitmasse:

250 g weiche Butter

250 g Staubzucker

4 Eier

250 g Mehl

$^1/_2$ Pkg. Backpulver

Zum Bestreichen:

1 Glas Weichsel /
Kirschen

2 EL Vanillepudding

Für den Belag:

$^1/_2$ l Schlagobers

2 EL Staubzucker

2 Pkg. Sahnesteif

Zum Bestreuen:

einige Schokostreusel

Zubereitung

Butter und Staubzucker schaumig rühren. Eier nach und nach dazugeben. Mehl und Backpulver mischen, auf die Buttermasse sieben und unterheben. Die Masse auf ein mit Backpapier belegtes Blech streichen. Bei 180 °C etwa 20 Minuten backen.

Die Weichsel abseihen. $^3/_4$ des Weichselsaftes zum Kochen bringen. Den übrigen Saft mit Puddingpulver glattrühren und in den kochenden Saft einrühren. Einen Pudding zubereiten. Die Puddingmasse noch heiß gleichmäßig auf den erkalteten Kuchen streichen und kalt stellen.

Für den Belag Schlagobers mit Staubzucker und Sahnesteif aufschlagen. Das Ganze in einen Spritzbeutel füllen und auf die erkalteten Weichseln aufspritzen. Mit Schokostreusel bestreuen.

Elisabethschnitten

Zutaten

Für die Biskuitmasse:

6 Eier

180 g Zucker

1 Pkg. Vanillezucker

180 g Mehl

1 EL Kakao

Für die Creme:

250 g weiche Butter

200 g Staubzucker

150 g geröstete
    Haselnüsse

50 g geriebene
    Schokolade

Zum Bestreuen:

50 g geriebene
    Schokolade

Zubereitung

Eier mit Zucker und Vanillezucker cremig aufschlagen. Das Mehl darübersieben und unterheben. Die Hälfte der Masse auf ein mit Backpapier ausgelegtes Backblech streichen.

Den Kakao vorsichtig unter die übrige Masse rühren und auf ein mit Backpapier ausgelegtes Backblech streichen. Bei 200 °C etwa 10 Minuten backen.

Das Biskuit auf ein mit Zucker bestreutes Papier stürzen, das Backpapier mit kaltem Wasser bestreichen und vorsichtig abziehen.

Für die Creme Butter und Staubzucker schaumig rühren Nüsse und Schokolade dazugeben und cremig aufschlagen.

Die Biskuitplatten halbieren. Biskuit und Kakaobiskuit abwechselnd mit der Creme zusammensetzen. Die Oberfläche mit Creme bestreichen und mit Schokolade bestreuen.

Die Schnitten 1 Stunde kalt stellen.

Zimt-Schnitten

Zutaten

Für die Biskuitmasse:

6 Eier

120 g Zucker

1 Pkg. Vanillezucker

200 ml Mineralwasser

200 ml Öl

300 g glattes Mehl

$1/2$ Pkg. Backpulver

150 g geriebene
    Nüsse

Zum Bestreichen:

250g Powidl

5 EL Rum

Für den Belag:

$1/2$ l Sauerrahm

3 EL Staubzucker

$1/2$ l Schlagobers

2 Pkg. Vanillezucker

2 Pkg. Sahnesteif

Zimt zum Bestreuen

Zubereitung

Eier mit Zucker und Vanillezucker cremig aufschlagen. Mineralwasser und Öl vorsichtig unterrühren. Mehl mit Backpulver mischen, darüber sieben und mit den Nüssen unterheben.

Die Masse auf ein befettetes, mit Mehl bestäubtes Backblech aufstreichen. Bei 180 °C etwa 30 Minuten backen.

Powidl mit Rum gut verrühren und aufstreichen.

Für den Belag Sauerrahm mit Staubzucker kurz verrühren. Schlagobers mit Vanillezucker und Sahnesteif aufschlagen.

Den Sauerrahm vorsichtig unterheben und das Ganze in einen Spritzbeutel mit mittlerer glatter Tülle füllen. Den Belag beliebig auf den Kuchen spritzen und leicht mit Zimt bestreuen.

Die Schnitten 3 Stunden kalt stellen.

Creme-Schnitten

Zutaten

Für den Vorteig:

450 g Weizenmehl

50 g Butter (zerlassen)

1 Prise Salz

230-250 ml Wasser (lauwarm)

Für den Butterziegel:

300-450 g Butter (zimmertemperiert)

50 g Mehl (glatt)

Für die Creme:

500 g Schlagobers

2-3 Pkg. Sahnesteif

80 g Zucker

1 Pkg. Vanillepudding

$\frac{1}{4}$ l Milch

4 Blatt Gelatine

$\frac{1}{4}$ l Schlagobers

Zubereitung

Für den Blätterteig zunächst den Vorteig zubereiten. Dafür sämtliche Zutaten gut abkneten und etwa 20 Min. rasten lassen. Für den Butterziegel die Butter mit Mehl ebenfalls gut vermengen und zu einem Ziegel formen. Vorteig auf eine bemehlte Arbeitsfläche von der Mitte aus wie ein vierblättriges Kleeblatt ausrollen. Butterziegel darauflegen, Teigstücke darüberlegen und einschlagen. Wieder ausrollen und zu einer einfachen Tour zusammenschlagen, noch einmal ausrollen und zu einer doppelten Tour zusammenschlagen. In Frischhaltefolie gut einhüllen und etwa 20 Min. kühl rasten lassen. Den Vorgang nochmals wiederholen. Den Blätterteig bei 220 °C etwa 20 Min. backen. Für die Creme Schlagobers mit Sahnesteif steif schlagen. Zucker unterheben. Das Schlagobers auf die Hälfte des ausgekühlten Blätterteigs aufstreichen, mit einem Blätterteigstück abdecken und kühl stellen. Aus dem Puddingpulver, Milch und Zucker einen Pudding anfertigen. Pudding nach und nach in das geschlagene Schlagobers einmengen. Gelatine unterrühren. Kurz vor dem Stocken auf das Schlagobers streichen.

Schwarzwälder Kirschtorte

Zutaten

Für die Biskuitmasse:

5 Eier

150 g Zucker

1 Pkg. Vanillezucker

120 g Mehl

30 g Kakao

3 EL Öl

$^{1}/_{2}$ Pkg. Backpulver

Für die Fülle:

250 g Weichsel-
kompott

$^{1}/_{4}$ l Kompottsaft

1 Pkg. Vanillepudding

Für die Creme:

$^{1}/_{2}$ - 1 l Schlagobers

1 EL Staubzucker

1 Stamperl
Kirschwasser

2-3 Pkg. Sahnesteif

Zubereitung

Die Eier mit dem Zucker und Vanillezucker über Dunst lauwarm schaumig aufschlagen, dann gut kalt schlagen. Das Mehl mit Backpulver und Kakao versieben und in die Schaummasse einrühren. Zum Schluss vorsichtig das Öl langsam untermischen. Die Masse in einem Tortenreifen bei 180 °C etwa 40 Minuten backen.

Das Weichselkompott mit Saft aufkochen. Das Puddingpulver mit wenig Saft anrühren und in das kochende Kompott einrühren, einmal aufkochen lassen.

Für die Oberscreme das Schlagobers mit Zucker und Sahnesteif steif schlagen und mit Kirschwasser abschmecken.

Die Torte zweimal durchschneiden. Auf den ersten Boden die ausgekühlten Weichseln geben und etwa $^{1}/_{3}$ Oberscreme aufstreichen. Den zweiten Boden auflegen mit $^{1}/_{3}$ Oberscreme bestreichen. Mit dem letzten Boden abdecken. Rundum mit der restlichen Oberscreme bestreichen. Rosetten aufspritzen und mit Weichseln und Schokoladespänen verzieren.

Grinzinger Nusstorte

Zutaten

Für die Biskuitmasse:

3 Eier

100 g Kristallzucker

80 g Mehl

1 TL Backpulver

1 Pkg. Vanillepudding

50 geriebene
    Nüsse

Für die Creme:

250 g Butter oder
    Margarine

60 g Staubzucker

1 Pkg. Vanillezucker

2 EL Rum

60 g geriebene
    Haselnüsse

1 Pkg. Vanillepudding

$3/8$ l Milch

50 g Kristallzucker

Marmelade

Zubereitung

Die ganzen Eier mit Zucker schaumig rühren. Mehl mit Backpulver und Puddingpulver versieben und mit den geriebenen Nüssen vorsichtig unter die Masse heben. Den Teig in einer Tortenform bei 180 °C etwa 35 Minuten backen.

Für die Creme Butter, Staubzucker und Vanillezucker schaumig rühren. Mit Rum abschmecken und geriebene Nüsse beigeben. Nach der Anleitung einen Pudding kochen, unter Umrühren auskühlen lassen und nach und nach zur Buttercreme rühren.

Das Biskuit nach dem Auskühlen zweimal durchschneiden. Das erste Blatt mit Marmelade und wenig Creme bestreichen. Das zweite Blatt auflegen, mit Marmelade bestreichen. Die Hälfte der Creme aufstreichen. Das dritte Blatt auflegen.

Die Torte rundum mit der Creme bestreichen, mit geriebenen Haselnüsse bestreuen. Cremerosetten aufspritzen und mit ganzen Haselnüssen besetzen.

Mariandl-Torte

Zutaten

Für die Biskuitmasse:

3 Eier

40 g Staubzucker

200 g kleinge-
schnittene
Marillen

50 g Zucker

90 g glattes Mehl

Für die Fülle:

200 g pürierte Marillen

150 g passierter
Magertopfen

4 EL Staubzucker

6 Blatt Gelatine

3 EL Marillenlikör

$^{1}/_{4}$ l Schlagobers

Zum Bestreichen:

$^{1}/_{8}$ l Schlagobers

$^{1}/_{2}$ Pkg Sahnesteif

Marillenspalten

Zubereitung

Dotter und Staubzucker cremig auf-schlagen. Die abgetropften Maril-lenstücke dazugeben und kurz ein-rühren. Eiklar und Zucker steif schla-gen und vorsichtig unterheben. Das Mehl darüber sieben und einrühren. Die Masse in eine am Boden mit Backpapier ausgelegte Springform füllen und glattstreichen. Rohr vor-heizen und bei 180 °C ca 35 Minuten backen.

Für die Fülle pürierte Marillen mit Topfen und Staubzucker gut verrüh-ren. Die Gelatine auflösen, mit dem Likör erwärmen und verrühren. Schlagobers aufschlagen und einrüh-ren.

Die erkaltete Torte durchschneiden. Den Tortenboden mit dem Spring-formrand umstellen. Die Fülle darauf geben und glattstreichen. Mit dem zweiten Tortenblatt abdecken und leicht andrücken. 2 Stunden kalt stel-len.

Schlagobers mit Sahnesteif auf-schlagen. Den Springformrand ent-fernen und die Torte mit Schlagobers bestreichen und Marillenspalten ver-zieren.

Sachertorte

Zutaten

Für die Biskuitmasse:

130 g Couverture

130 g Butter

40 g Staubzucker

5 g Vanillezucker

1 Prise Salz

6 Eier

180 g Kristallzucker

130 g Mehl

Für die Fülle:

350 g passierte
     Marillen-
     marmelade

Für die Glasur:

250 g Kristallzucker

120 ml Wasser

300 g Couverture

Zubereitung

Die Couverture zerkleinern und im Wasserbad unter Rühren schmelzen. Mit der temperierten Butter, dem Staubzucker, Vanillezucker und Salz vermischen. Schaumig rühren und dabei die Dotter nach und nach zugeben. Die Eiklar mit den Zucker zu Schnee schlagen. Auf die Couverturemischung gleiten lassen, beide Massen flüchtig vermischen. Das gesiebte Mehl unterheben. Bei 190 °C etwa 60 Minuten backen. Die erkaltete Torte aus dem Reifen nehmen und einmal horizontal durchschneiden. Mit der Krustenseite nach unten auf eine genau passende Tortenunterlage setzen, mit etwa 100 g Marillenmarmelade bestreichen und zusammensetzen. Die restliche Marmelade aufkochen und damit die ganze Torte dünn bestreichen. Für die Glasur den Zucker mit dem Wasser unter Rühren aufkochen. Die Couverture zerkleinern, unter Rühren darin schmelzen und auf 110 °C kochen. Etwa ein Drittel der durchsiebten Glasur auf eine Steinplatte mehrmals aufstreichen und wieder zusammenfügen, bis sie kalt ist und unter die restliche Glasur rühren. Diesen Vorgang so oft wiederholen, bis die Glasur eine dickflüssige, geschmeidige Konsistenz erreicht hat.

Amaretto-Torte

Zutaten

Für die Biskuitmasse:

3 Eier

1 Dotter

80 g Feinkristallzucker

1 Pkg. Vanillezucker

60 g Mehl

120 g geriebene
    Mandeln

50 g Butter

Für die Fülle:

170 g geriebene
    Mandeln

90 g Staubzucker

$1/_8$ l Milch

1 Prise Zimt

1 Pkg. Vanillezucker

1 Stamperl Amaretto

$1/_2$ l Schlagobers

4 Blatt Gelatine

Schokoraspel

Zubereitung

Vier Dotter mit einem Drittel des Zuckers und dem Vanillezucker schaumig rühren. Die Eiklar mit dem restlichen Zucker zu steifem Schnee schlagen und unter dem Dotterabtrieb heben. Die Butter zerlassen und zusammen mit dem gesiebten Mehl und den Mandeln darunterheben. Die Masse in eine gebutterte und bemehlte Tortenform füllen und bei 180 °C etwa 40 Minuten backen.

Für die Creme die Mandeln und den gesiebten Staubzucker, sowie Zimt und Vanillezucker vermischen. Die Milch aufkochen lassen und darüber gießen. Zu einer dicken Creme verrühren, erkalten lassen und danach den Amaretto einrühren. Die Gelatine in kaltem Wasser vorweichen. Das Schlagobers steif aufschlagen. Die Gelatine gut ausdrücken und in wenig heißem Wasser auflösen. Zusammen mit der Mandelcreme unter das Schlagobers ziehen und auf dem Tortenboden verteilen.

Die Oberfläche glattstreichen und die Torte einige Stunden in den Kühlschrank stellen. Anschließend vorsichtig aus der Form lösen und an Rand und Oberfläche mit geriebener Schokolade bestreuen.

Brombeer-Schaum-Torte

Zutaten

Für den Mürbteig:

100 g Margarine

50 g Zucker

150 g Mehl

Für den Rührteig:

3 Eier

100 g Zucker

50 g Mehl

40 g Stärkemehl

Für die Creme:

2 EL Brombeersaft

$1/8$ l Rotwein

2 Dotter

70 g Zucker

6 Blatt Gelatine

400 g Schlagobers

400 g Brombeeren

1 Pkg. Tortengelee

Brombeermarmelade

Zubereitung

Für den Mürbteig alle Zutaten verkneten. 1 Stunde kühl stellen. Ausrollen und in Tortenform (Ø 24 -26 cm) als Boden legen. Bei 175 °C goldgelb backen.

Für den Rührteig Eier und Zucker schaumig schlagen. Mehl unterheben. Zwei Böden, in der gleichen Größe wie der Mürbteig, bei 175 °C backen.

Für die Creme Brombeersaft, Wein und Zucker über Dampf cremig aufschlagen, vom Feuer nehmen und kalt schlagen. Eingeweichte, ausgedrückte Gelatine untermengen. Festgeschlagenes Schlagobers unterheben.

Mürbteigboden in Tortenform geben. Mit Brombeermarmelade bestreichen. Rührteigboden darüber legen, mit Brombeermarmelade bestreichen und die Hälfte der Creme einstreichen. Die zweite Platte auflegen und wiederholen. Die Torte eine Stunde einfrieren.

Tortengelee mit passierten Brombeeren nach Anweisung zubereiten und vorsichtig auftragen. Stocken lassen. Mit Oberstupfen und frischen Beeren verzieren.

Eierlikörtorte

Zutaten

Für das Biskuit:

5 Eier

$^1/_8$ l Öl

$^1/_8$ l Wasser

150 g Staubzucker

150 g Haselnüsse

150 g Mehl

1 Pkg. Backpulver

Für die Fülle:

100 g Ribisel-
    marmelade

Zum Verzieren:

$^1/_2$ l Schlagobers

2 Pkg. Sahnesteif

1 Stamperl Eierlikör

Zubereitung

Dotter, Öl, Wasser, Zucker und Haselnüsse schaumig rühren. Eischnee vorsichtig unterheben. Das mit Backpulver versiebte Mehl vorsichtig unterheben. In eine Springform (Ø 26 cm) füllen und im vorgeheizten Rohr 45 Minuten backen.

Erkaltete Torte einmal durchschneiden. Mit Marmelade füllen und den Rand bestreichen.

Schlagobers mit Sahnesteif aufschlagen. Mit $^2/_3$ des Schlagobers Rand und Oberfläche bestreichen. Mit restlichem Obers einen Rand aufspritzen. Den Eierlikör innerhalb des Randes verteilen und die Torte kalt stellen.

Mandelcreme-Torte

Zutaten

Für das Biskuit:

4 Eier

125 g Honig

100 g Weizenvollmehl

2 EL Mandellikör

Für die Fülle:

3 Eigelb

125 g Honig

1 Orange

100 g gemahlene Mandeln

100 g gehackte Mandeln

2 EL Mandellikör

$^1/_2$ l Schlagobers

2 EL Zitronensaft

50 g Mandelblättchen

Zubereitung

Für die Fülle Eigelb, Honig und den Mandellikör in 7-10 Minuten dick aufschlagen. $^1/_2$ Orange abreiben. Gemahlene und gehackte Mandeln ohne Fett anrösten. Mandeln abgekühlt unter die Eimasse rühren. Zum Aufquellen mindestens 4 Stunden kühl stellen.

Für die Biskuitmasse 4 Eigelb mit 125 g Honig, 2 EL Mandellikör und Salz dick aufschlagen. Eiweiß steif schlagen. $^1/_3$ vom Eischnee unter die Eimasse rühren, den Rest zusammen mit dem Mehl locker unterrühren. Masse in eine Springform (Ø 26 cm) füllen. Bei 200 °C 25 Minuten backen.

Ausgekühlten Teigboden durchschneiden. Schlagobers mit dem Honig und Zitronensaft steif schlagen. Nach und nach unter die Mandelmasse ziehen.

Die Torte damit füllen und bestreichen. Mit abgeriebener Orangenschale, hellbraun gerösteten Mandelblättchen und Orangenscheiben garnieren.

Karotten-Nuss-Torte

Zutaten

Für das Biskuit:

200 g Zucker

4 Eier

1 TL Zimt

1 Pkg. Vanillezucker

200 g geriebene
     Walnüsse

200 g geriebene, rohe
     Karotten

100 g Mehl

$^1/_2$ Pkg. Backpulver

Für die Fülle:

Ribiselmarmelade

Für die Glasur:

Kochschokolade

Butter

Zubereitung

Eidotter, Zucker und Zimt schaumig rühren. Nüsse und Karotten einmengen und zum Schluss das mit Backpulver versiebte Mehl und den Schnee von 4 Eiklar unterziehen.

In befetteter, bemehlter Tortenform backen. Gut ausgekühlt einmal durchschneiden, mit Marmelade bestreichen, zusammensetzen und mit Schokoglasur überziehen.

Für die Glasur Schokolade und Butter erwärmen und glattrühren.

Waldviertler Mohntorte

Zutaten

Für das Biskuit:

7 Eier

180 g Kristallzucker

etwas Zimt

180 g Staubzucker

1 Pkg. Vanillezucker

$^1/_8$ l Wasser

$^1/_8$ l Öl

180 g Mohn

etwas Rum

etwas Backpulver

220 g griffiges Mehl

Für die Fülle:

Ribiselmarmelade

Preiselbeermarmelade

$^3/_8$ l Schlagobers

1 Pkg Sahnesteif

Schokostreusel

Zubereitung

Eiklar zu steifem Schnee schlagen, Kristallzucker einschlagen. Dotter, Staubzucker, Vanillezucker, Zimt und Wasser verrühren. Öl in dünnen Strahl einrühren. Mohn, Mehl, Backpulver und Rum einrühren, Schnee unterziehen. Masse in eine befettete und bemehlte Tortenform füllen und bei 180 °C etwa 50 Minuten backen.

Torte erkalten lassen und zweimal durchschneiden. Ersten Boden mit Ribiselmarmelade bestreichen und den zweiten Boden darauf setzen. Schlagobers mit Sahnesteif steif schlagen und ringförmig aufspritzen. Mit Preiselbeermarmelade die Zwischenräume ausfüllen. Letzten Boden daraufsetzen und mit Schlagobers und Schokostreusel nach Belieben verzieren.

Mostviertler Topfen-Nuss-Torte

Zutaten

Für das Biskuit:

200 g Butter

100 g Kristallzucker

200 g passierter Topfen

200 g geriebene Walnüsse

1 Pkg. Vanillezucker

1 Prise Salz

1 Orange

5 ganze Eier

5 Eidotter

Für die Glasur:

Schokoladenglasur

Zubereitung

In die mit Zucker schaumig gerührte Butter abwechselnd Dotter und Eiklar sowie den Topfen mit Salz, Vanillezucker, den Abrieb einer halben Orange einrühren. Zuletzt die Nüsse vorsichtig unterheben.

In einer befetteten und bemehlten Tortenform bei 180 °C ungefähr 60 Minuten backen.

Mit einer beliebigen Schokoladencreme füllen und bestreichen.

Vanille-Schokotorte

Zutaten

Für das Biskuit:

200 g Rohmarzipan

80 g Staubzucker

7 Eier

1 Prise Salz

70 g Zucker

1 Pkg. Vanillezucker

120 g Mehl

60 g kleingeschnittene Kuvertüre

Zum Beträufeln:

etwas Vanillemilch

Für die Glasur:

150 g Margarine

200 g Milchschokolade

Schokospänen

Zubereitung

Rohmarzipan mit Staubzucker, ein ganzes Ei und 6 Dotter gut verrühren und cremig aufschlagen. Eiklar mit Salz aufschlagen. Zucker und Vanillezucker nach und nach dazugeben und steif schlagen. Den Eischnee unter die Marzipanmasse heben. Mehl mit Kuvertüre vermischen und vorsichtig unterheben.

Die Masse in eine befettete, mit Mehl bestaubte Springform (Ø 24 cm) füllen und glattstreichen. Bei 170 °C etwa 50 Minuten backen.

Die erkaltete Torte mit Vanillemilch beträufeln.

Für die Glasur Margarine und die in Stücke gebrochene Schokolade unter Rühren erhitzen, bis die Schokolade vollständig aufgelöst ist. Von der Kochstelle nehmen und unter mehrmaligen Umrühren abkühlen lassen, bis diese dickflüssig wird. Die Torte sofort damit glasieren.

Kurz vor dem Erstarren der Glasur mit Schokospänen bestreuen.

Kürbis-Mohn-Torte

Zutaten

Für den Teig:

4 Eier

300 g Staubzucker

1 Pkg. Vanillezucker

1 MS Zimt

$1/8$ l Öl

300 g geriebene Kürbiskerne

50 g gemahlener Mohn

300 g Mehl

1 Pkg. Backpulver

Für die Fülle:

500 g heiße Marillenmarmelade

Für die Glasur:

180 g Margarine

200 g Kuvertüre

Zubereitung

Die Eier mit Staubzucker, Vanillezucker und Zimt cremig aufschlagen. Das Öl mit Kürbiskernen und Mohn einrühren. Mehl und Backpulver mischen, darüber sieben und vorsichtig unterheben.

Den Teig in eine am Boden mit Backpapier ausgelegte Springform füllen und glattstreichen. Bei 170 °C etwa 50 Minuten backen.

Die erkaltete Torte dreimal durchschneiden mit $3/4$ der Marmelade füllen. Mit der übrigen Marmelade Oberfläche und Rand der Torte bestreichen.

Für die Glasur Margarine und Kuvertüre unter Rühren erwärmen, bis die Kuvertüre vollständig aufgelöst ist. Von der Kochstelle nehmen und unter mehrmaligen Umrühren abkühlen lassen, bis diese fest wird.

Die Torte sofort damit glasieren.

Zwetschken-Krokant-Torte

Zutaten

Für den Teig:

100 g weiche Butter

100 g Staubzucker

1 Pkg. Vanillezucker

1 Prise Salz

3 Eier

15 Stk. Biskotten

100 g geriebene Mandeln

$^1/_2$ Pkg. Backpulver

Für die Fülle:

1 Dose Zwetschkenröster

25 ml Wasser

1 Pkg. Vanillepudding

4 EL Wasser

Für die Creme:

$^1/_4$ l Milch

1 Pkg. Vanillepudding

150 g weiche Butter

80 g Staubzucker

Zubereitung

Butter mit Staubzucker, Vanillezucker und Salz schaumig rühren. Die Eier nach und nach dazugeben. Biskotten zerbröseln und mit Mandeln und Backpulver unterrühren.

Den Teig in eine Springform füllen und bei 180 °C etwa 30 Minuten backen.

Für die Fülle Zwetschkenröster mit Wasser verrühren und zum Kochen bringen. Puddingpulver mit Wasser verrühren und in den kochenden Röster einrühren. Unter Rühren nochmals aufkochen lassen.

Die erkaltete Torte mit dem Springformrand umstellen und die noch heiße Fülle gleichmäßig darauf verteilen. Die Torte 1 Stunde kalt stellen.

Für die Creme einen Pudding nach Vorschrift zubereiten. Butter und Staubzucker schaumig rühren und den erkalteten Pudding nach und nach dazugeben. $^3/_4$ der Creme auf die Zwetschkenfülle streichen. Mit der übrigen Creme den Rand der Torte bestreichen. Oberfläche und Rand mit Krokant bestreuen.

Mit Schlagobers Rosetten aufspritzen.

Joghurt-Mohntorte

Zutaten

Für den Teig:

100 g weiche Butter

39 g Staubzucker

1 Pkg. Vanillezucker

1 Prise Zimt

1 Prise Salz

4 Eier

90 g Kristallzucker

100 g gemahlener Mohn

70 g Mehl

Für die Creme:

6 Blatt Gelatine

$^1/_2$ l Jogurt

1 Pkg. Vanillezucker

4 EL Staubzucker

100 g Himbeeren

$^1/_4$ l Schlagobers

Für den Belag:

200 g Himbeeren

1 Pkg. Tortengelee

Zubereitung

Butter und Staubzucker, Vanillezucker, Zimt und Salz schaumig rühren und die Dotter nach und nach dazugeben. Eiklar aufschlagen, Zucker nach und nach dazugeben und steif schlagen. Den Eischnee vorsichtig unter die Buttermasse rühren. Mohn mit Mehl vermischen und unterheben.

Bei 180 °C etwa 30 Minuten backen.

Für die Creme die Gelatine nach Vorschrift zubereiten und mit Zitronensaft erwärmen. Joghurt, Vanillezucker und Staubzucker gut verrühren und die Gelatine einrühren. Die Himbeeren vorsichtig unterrühren. Schlagobers aufschlagen und unterheben.

Die erkaltete Torte mit dem Springformrand umstellen. Die Creme darauf verteilen, glattstreichen und 3 Stunden kalt stellen. Die Himbeeren auf der Torte verteilen. Das Gelee nach Vorschrift zubereiten und auf die Oberfläche gießen.

Omas Tipp:

Anstatt der Himbeeren saisonale Früchte verwenden. Auch passierte Früchte für den Belag verwenden.

Schwarze Herrentorte

Zutaten

Für den Teig:

150 g Schokolade

6 Eier

1 Prise Salz

200 g Kristallzucker

130 g weiche Butter

1 Pkg. Vanillepulver

130 g Mehl

Für die Creme:

300 g Schokolade

200 g Vollmilch-
schokolade

1 Orange

250 ml Schlagobers

15 cl Cognac

50 g Kokosfett

120 g weiche Butter

50 g Zucker

Zubereitung

Schokolade im warmen Wasserbad schmelzen. Das Eiweiß mit Salz steif schlagen. 150 g Zucker nach und nach einrieseln. Butter mit restlichem Zucker cremig rühren. Die Eigelbe nacheinander einrühren. Löffelweise die Schokolade und den Vanillezucker einrühren. Eischnee und Mehl vorsichtig unterheben. Den Teig bei 190 °C etwa 50 Minuten backen. Für die Creme die Schokolade grob hacken. Die Orange waschen und die Schale abreiben, den Saft auspressen. Das Schlagobers bei geringer Hitze erwärmen, Schokolade im Schlagobers schmelzen. Orangenschale und 10 cl Cognac einrühren. In einem anderen Topf das Kokosfett bei geringer Hitze schmelzen. Die Butter in einer Schüssel schaumig rühren. Das flüssige Kokosfett unterrühren, dann löffelweise das Schoko-Schlagobers. 4 Stunden kühl stellen. Saft einer Orange mit Rotwein und restlichem Cognac erwärmen. Den Tortenboden in drei Schichten schneiden und damit beträufeln. Das Schoko-Schlagobers schaumig aufschlagen. Auf die Böden streichen und die Torte zusammensetzen. Rand und Oberfläche mit übriger Creme bestreichen. Mit Schokostreusel verzieren.

Lady-Torte

Zutaten

Für den Teig:

6 Eier

150 g Zucker

150 g Butter

150 g erweichte
    Schokolade

3 EL gesiebtes Mehl

Zum Bestreichen:

$1/4$ l Schlagobers

1 Pkg. Vanillezucker

4 EL Eierlikör

1 Pkg. Sahnesteif

Zum Verzieren:

einige Schokospäne

Zubereitung

Eier mit Zucker im heißen Wasserbad aufschlagen. Von der Kochstelle nehmen und cremig schlagen. Die Butter schaumig rühren, die Hälfte der Eimasse dazugeben und mit der Schokolade gut einrühren.

Die übrige Eimasse unterheben und die Hälfte der Schokoladen-Masse zur Seite geben. Das Mehl in die Masse einrühren und in eine Springform füllen. Bei 190 °C etwa 20 Minuten backen.

Die Torte vorsichtig auf ein Kuchengitter stürzen und erkalten lassen. Die Torte mit dem Springformrand umstellen und die übrige Schokoladen-Masse darauf geben und glattstreichen. Die Torte 2 Stunden kalt stellen.

Schlagobers mit Vanillezucker, Eierlikör und Sahnesteif aufschlagen. Oberfläche und Rand damit bestreichen und mit Schokospänen verzieren. Bis zum Verzehr kalt stellen.

Walnuss-Birnen-Torte

Zutaten

Für den Teig:

50 g Butter

150 g gemahlene
    Walnüsse

5 Eier

160 g Zucker

1 Prise Salz

150 g Mehl

1 TL Backpulver

Für die Creme:

$1/4$ l Schlagobers

500 g weiße
    Schokolade

200 g Butter

1 kg Birnen

Saft von 2 Zitronen

$1/2$ l Birnensaft

Zubereitung

Für die Creme Schlagobers in einem Topf bei geringer Hitze erwärmen. Weiße Schokolade in Stücke brechen, Butter zugeben und schmelzen lassen. Alles zu einer glatten Masse rühren. Über Nacht im Kühlschrank kühlen.

Eier, Zucker und Salz zehn Minuten schlagen, bis die Masse dick und weiß ist. Die Butter in einem Topf schmelzen. Mehl mit Backpulver mischen und den Walnüssen vorsichtig unter die Eiermasse heben. Dann die flüssige Butter nach und nach unterziehen. Den Teig bei 175 °C etwa 35 Minuten backen.

Die Birnen schälen und vierteln, das Kerngehäuse entfernen. Birnen- und Zitronensaft in einem flachen Topf aufkochen. Die Birnenviertel hineingeben, einmal aufkochen lassen und im Sud erkalten lassen. Birnen gut abtropfen lassen. Das Schoko-Schlagobers ca. 5 Minuten aufschlagen. Vier Birnenviertel in kleine Würfel schneiden und unter die Creme heben. Die restlichen Birnenviertel fächerförmig aufschneiden. Die Torte zweimal durchschneiden. Mit Creme bestreichen und Torte zusammensetzten. Mit Birnenviertel belegen.

Marzipan-Erdäpfel-Torte

Zutaten

Für den Teig:

400 g mehlige
    Erdäpfel

100 g Staubzucker

1 Prise Salz

100 g Speisestärke

1 Pkg. Backpulver

150 g Haselnüsse

Zum Verzieren:

80 g Ribisel-
    marmelade

120 g Kochschokolade

100 g Butter

100 g Marzipan

etwas Kakaopulver

Zubereitung

Die Erdäpfel in Salzwaser weich-dämpfen und schälen, durch ein feines Sieb passieren und erkalten lassen. Die passierten Erdäpfel mit den Eiern, dem Salz, dem Staubzucker und der Zitronenschale und den Haselnüssen zu einer dickcremigen Masse aufschlagen. Die Speisestärke mit dem Backpulver versieben und gemeinsam mit den Haselnüssen unter die Erdäpfelmasse mengen. Diese Masse in eine Springform füllen und bei 180 °C etwa 40 - 45 Minuten backen.

Die Torte überkühlen lassen. Aus der Form nehmen und Oberfläche und Rand mit der erhitzten Ribisel-marmelade bestreichen. Die Torte mit der Schokoladenglasur überziehen.

Aus dem Marzipan 12 kleine Erdäpfel formen, leicht in Kakaopulver drehen und auf die Torte setzen.

Malakofftorte

Zutaten

Für den Teig:

4 Eier

125 g Zucker

125 g Mehl

4 EL Wasser

4 EL Öl

1 Pkg. Backpulver

1 Prise Salz

Für die Creme:

2 Pkg. Vanillepudding

1 l Milch

1 l Schlagobers

8-12 Blatt Gelatine

40 - 50 Stk. Biskotten

Milch zum Eintunken

3 Pkg. Sahnesteif

Zum Verzieren:

Schokolade

gehobelte Mandeln

$1/4$ l Schlagobers

Zubereitung

Für den Teig die 4 Eier trennen. Dotter, Zucker und Wasser schaumig rühren. Das Öl mit einem Schneebesen unterrühren. Mehl und Backpulver mischen und unterheben. Eiklar mit einer Prise Salz steif schlagen und ebenfalls unterheben. Den Teig in eine Springform einfüllen. Im vorgeheizten Backofen bei 180°C ca. 20-25 Min. backen, bis der Biskuitboden goldgelb ist. Für die Creme Vanillepudding zubereiten und gut auskühlen lassen. Schlagobers mit Sahnesteif steifschlagen und unter den Pudding rühren. Die eingeweichte Gelatine unter die Puddingcreme rühren. Einen Tortenring um den ausgekühlten Biskuitboden legen. Etwas Creme auf den Boden streichen und mit in Milch (oder gewässerter Rum) getränkten Biskotten belegen. Wieder mit Creme bestreichen und eine zweite Lage Biskotten einschichten. Den letzten Rest der Creme glatt auf der Torte verstreichen. Nun mindestens 4 Stunden kalt stellen. 7-8 Biskotten mit den Rändern in die erwärmte Schokolade tunken und halbieren. Die Torte mit geschlagenem Schlagobers einstreichen. Mandeln an den Rand der Torte drücken und mit den getunkten Biskotten verzieren.

Beschwipster Schokokuchen

Zutaten

Für den Teig:

125 g Butter

250 g dunkle
    Schokolade

6 Eier

250 g Zucker

4 EL Rotwein

60 g Mehl

Für die Glasur:

50 g dunkle
    Schokolade

100 g Vollmilch-
    schokolade

Zubereitung

Die Butter mit Schokolade im warmen Wasserbad schmelzen und abkühlen lassen. Eier trennen. Das Eiweiß steif schlagen, das Eigelb mit dem Zucker zu einer dickflüssigen Creme rühren. Wein unter das Eigelb rühren. Dann die Schokoladen-Butter-Mischung löffelweise unterrühren. Eischnee darauf geben, Mehl darüber sieben und alles vorsichtig unterheben.

Den Teig bei 180 °C etwa 45 Minuten backen.

Den fertig gebackenen Kuchen auf ein Kuchengitter stürzen und abkühlen lassen.

Für die Glasur die dunkle Schokolade sowie die Vollmilchschokolade im warmen Wasserbad schmelzen und den Kuchen damit überziehen.

Apfelgugelhupf

Zutaten

Für den Teig:

250 g Butter

250 g Staubzucker

4 grob geraspelte Äpfel

Vanillezucker

4 Eier

150 g geriebene Nüsse

3 EL Kakao

250 g Mehl

1 Pkg. Backpulver

1 TL Zimt

Zubereitung

Butter, Staubzucker und Vanillezucker schaumig rühren. Eidotter, Nüsse, und Kakao dazugeben und gut unterrühren.

Mehl mit Backpulver, Zimt sowie geriebene Äpfel unterheben. Eiklar zu festen Eischnee schlagen und ebenfalls unterheben.

Gugelhupf in eine befetteten und bemehlten Form bei 190 °C etwa 60 Minuten backen.

Anschließend im Rohr 10 Minuten rasten lassen.

Gugelhupf mit Staubzucker und Zimt bestreuen.

Ameisengugelhupf

Zutaten

Für den Teig:

250 g Butter

250 g Zucker

1 Pkg. Vanillezucker

5 Eier

250 g Mehl

$^1/_2$ Pkg. Backpulver

Schokostreusel

Zubereitung

Butter schaumig rühren. Dotter und Zucker nach und nach einrühren.

Mehl mit Backpulver vermischen. Eiklar zu Schnee schlagen und abwechselnd mit dem Mehl und den Schokostreuseln einrühren.

In einer befetteten und bemehlten Gugelhupfform bei 175 °C etwa 60 Minuten backen.

Waldviertler Gugelhupf

Zutaten

Für den Teig:

200 g Butter

120 g Staubzucker

5 Eier

1 Prise Salz

1 TL Rum

1 Pkg. Vanillezucker

120 g Kristallzucker

70 g geriebene
     Mandeln

70 g geriebene
     Walnüsse

130 g Schokolade

120 g Mehl

70 g Stärkemehl

$1/10$ l Milch

Zubereitung

Butter, Dotter, Staub- und Vanillezucker und Rum schaumig rühren.

Eiklar mit Kristallzucker und Salz aufschlagen und mit der Dottermasse verrühren.

Abwechselnd Nüsse, Schokolade, Mandeln, Mehl und Stärkemehl untermischen. Milch darunter ziehen.

Teig in eine befettete ausgebröselte Gugelhupfform füllen und bei 160 °C etwa 60 Minuten backen.

Gugelhupf noch heiß stürzen und anzuckern.

Mozarts Pistaziengugelhupf

Zutaten

Für den Teig:

250 g Butter

80 g Staubzucker

50 g Marzipan

7 Eier

180 g Kristallzucker

$1/8$ l Milch

350 g Mehl

100 g gehackte
Pistazien

1 Pkg. Vanillezucker

1 Msp. Backpulver

1 Prise Salz

1 Zitrone

Für die Glasur:

250 g Schokoglasur

Zubereitung

Butter, Staubzucker, Marzipan, Vanillezucker, abgeriebene Zitronenschale und Salz cremig aufrühren. Eier trennen. Eidotter nach und nach in den Butterabtrieb einrühren.

3-4 EL vom Mehl und die Milch einarbeiten.

Eiklar mit Kristallzucker zu Schnee schlagen und behutsam unter die Dottermasse heben. Zuletzt das restliche Mehl mit Backpulver und die Pistazien einrühren.

Gugelhupfform mit Butter ausstreichen und mit Mehl bestreuen. Masse einfüllen und im Backrohr bei 170 °C etwa 50 Minuten backen.

Nach dem Backen Gugelhupf aus der Form stürzen und auskühlen lassen.

Schokoladenglasur am besten über Wasserdampf erhitzen, den erkalteten Gugelhupf damit überziehen und kühl stellen.

Omas Tipp:

Sollte der Gugelhupf an der Oberfläche zu schnell Farbe annehmen, einfach mit Backpapier abdecken.

Feiner Gugelhupf

Zutaten

Für den Teig:

125 g Butter

240 g Staubzucker

1 Pkg. Vanillezucker

$^1/_4$ l Schlagobers

5 Eier

420 g Mehl

1 Pkg. Backpulver

1 EL Zitronensaft

1 EL Rum

Zubereitung

Butter schaumig rühren. Nach und nach Zucker, Eigelb, Zitronensaft und Rum zugeben. Danach abwechselnd die Hälfte des Mehles und das Schlagobers zufügen.

Das restliche Mehl mit Backpulver vermischen und das steifgeschlagene Eiweiß abwechselnd mit dem Mehl unterheben.

Masse in eine befettete, mit Semmelbrösel bestreute Form gießen.

Gugelhupf bei 180 °C etwa 60 Minuten backen.

Ausgekühlten Gugelhupf stürzen und mit Staubzucker bestreuen.

Marmorgugelhupf mit Obers

Zutaten

Für den Teig:

250 g Mehl

250 g Kristallzucker

4 Eier

$\frac{1}{4}$ l Schlagobers

$\frac{1}{2}$ Pkg. Backpulver

2 EL Kakao

1 Pkg. Vanillezucker

2 EL Rum (oder Milch)

Zubereitung

Zucker, Vanillezucker und Eier schaumig rühren. Schlagobers steif schlagen. In die schaumige Zucker-Ei-Masse langsam das mit Backpulver vermischte Mehl einrühren und das Schlagobers unterheben.

Diese Masse in zwei Hälften teilen. Kakao mit Milch oder Rum glattrühren. Einen Teil der Masse mit dem Kakaogemisch vermengen.

Mit einem Esslöffel abwechselnd die dunkle und die helle Teigmasse in die vorbereitete Gugelhupfform füllen.

Den Gugelhupf bei 140 °C etwa 50 Minuten backen.

Mohngugelhupf

Zutaten

Für den Teig:

200 g Butter

60 g Staubzucker

8 Eier

180 g Kristallzucker

300 gemahlener Mohn

150 g geriebene Haselnüsse

1 Pkg. Vanillezucker

1 Msp. Zimt

1 Prise Salz

Zubereitung

Eier trennen. Warme Butter, Staubzucker, Vanillezucker, Salz und Zimt cremig aufschlagen. Dotter nach und nach einrühren.

Eiklar mit Kristallzucker zu Schnee schlagen. $1/3$ des Eischnees zügig mit der Dottermasse verrühren. Restlichen Schnee, geriebenen Mohn und Nüsse behutsam unterheben.

Eine Gugelhupfform mit Butter bestreichen und mit Mehl bestreuen. Die Masse in die Form füllen.

Den Gugelhupf bei 170 °C etwa 70 Minuten backen.

Nach dem Abkühlen mit Staubzucker bestreuen.

Rotweingugelhupf

Zutaten

Für den Teig:

130 g Margarine

130 g Staubzucker

3 Eier

170 g Mehl

$^1/_2$ Pkg. Backpulver

1 Msp Zimt

1 Prise Salz

1 EL Kakaopulver

60 g geriebene
    Haselnüsse

90 g geriebene
    Kochschokolade

10 cl Rotwein

Für die Schokosoße:

$^1/_4$ l Wasser

1 EL Öl

etwas Zucker

1-2 Rippen
    Schokolade

Zubereitung

Margarine und Zucker schaumig rühren, langsam die Eier beifügen und weiterschlagen.

Mehl, Backpulver, Zimt, Salz, Kakao, Haselnüsse und Schokolade vermischen und mit dem Rotwein unter die Masse ziehen.

Gugelhupfform befetten und mit Biskuitbröseln bestreuen. Die Masse einfüllen und bei 190 °C etwa 60 Minuten backen.

Ausgekühlt mit Staubzucker bestreuen oder mit Schokosoße servieren.

Für die Schokosoße Wasser, Öl, Zucker und Schokolade gemeinsam unter Rühren aufkochen lassen und abgekühlt servieren.

Kärntner Reindling

Zutaten

Für den Teig:

450 g Mehl

1 Pkg. Germ

1 Ei

2 Dotter

50 g Staubzucker

1 Pkg. Vanillezucker

Für die Fülle:

6 EL Honig

1 TL Butter

3 EL Rum

3 EL Zucker

1 TL Zimt

300 g Zucker

Zubereitung

Das Mehl in eine Schüssel sieben und mit der Germ gut vermischen. In die Mitte eine Vertiefung eindrücken und die übrigen Zutaten der Reihe nach hineingeben. Mit dem Handmixer zuerst bei niedriger Stufe und dann bei hoher Stufe zu einem glatten Teig verkneten.

Den Teig zugedeckt an einem warmen Ort so lange gehen lassen, bis er doppelt so hoch ist.

Für die Fülle die Zutaten kurz aufkochen, von der Kochstelle nehmen und so lange rühren, bis das Ganze lauwarm ist.

Die Fülle gleichmäßig auf den Teig streichen und von unten nach oben einrollen. Das Ganze zu einem Kranz formen und in eine befettete mit Zucker ausgestreute Form legen.

Bei 180°C etwa 40 Minuten backen.

Kürbisgugelhupf

Zutaten

Für den Teig:

250 g Kürbis

6 Eier

140 g Margarine

120 g Staubzucker

120 g Kristallzucker

140 g Dinkelvollkorn-
mehl

200 g geriebene
Mandeln

100 g Topfen

1 Pkg. Vanillezucker

1 Prise Salz

Zubereitung

Weiche Margarine mit Zucker schaumig rühren. Nach und nach Eier dazugeben. (= Abtrieb)

Den passierten Topfen und den Kürbis gut einrühren. Eiklar mit Kristallzucker aufschlagen, geriebene Mandeln und Mehl abwechselnd mit dem Schnee in den Abtrieb einheben. Die Masse in einer befetteten Form bei 180°C etwa 1 Stunde backen.

Weichselkuchen

Zutaten

Für das Biskuit:

4 Eier

200 g Staubzucker

100 g Öl

$^1/_2$ l warmes Wasser

180 g Mehl

1 TL Backpulver

100 g gemahlener Mohn

Saft und Schale einer halben Zitrone

1 Prise Zimt

$^1/_2$ kg Weichselkompott

Zubereitung

Dotter, Zimt, Zitronensaft und -schale mit Staubzucker schaumig rühren. Öl und Wasser langsam einrühren. Mehl mit Mohn und Backpulver mischen. Schnee schlagen. Alles unter die gerührte Dottermasse unterziehen. Auf vorbereitetes Blech streichen. Abgeseihte Weichsel darauf verteilen und backen.

Mürbe Mohnzelten

Zutaten

Für den Teig:

500 g Mehl

300 g heiße, gepresste Kartoffel

300 g Butter

2 Eier

2 EL Rahm oder Milch

$^1/_2$ Pkg. Backpulver

Salz

Für die Fülle:

250 g geriebener Mohn

250 g Staubzucker

1 Pkg. Vanillezucker

2 EL Rum

2 TL Zimt

ca. $^1/_2$ l Milch

1 EL Margarine

Zubereitung

Die Zutaten für den Teig am Nudelbrett zu einem Teig kneten.

Für die Fülle die trockenen Zutaten vermischen, mit der geschmolzenen Margarine vermischen. Die heiße Milch zum Schluss nach Bedarf einrühren.

Den Teig zu einer Rolle formen. Stücke davon abschneiden. In der Hand auseinander drücken, mit Fülle belegen und zu einer Knödel schließen, die man dann flachdrückt.

Omas Tipp:

Anstatt den Mohn einfach Nüsse nach Wahl verwenden.

Omas Birnen - Obstkuchen

Zutaten

Für den Teig:

120 g Margarine

140 g Staubzucker

1 Pkg. Vanillezucker

3 Eier

2 EL Milch

200 g Mehl

2 TL Backpulver

Birnen zum Belegen

Zubereitung

Margarine mit Zucker und Vanillezucker schaumig rühren. Nach und nach Eier einrühren. Löffelweise das mit Backpulver und Puddingpulver versiebte Mehl und die Milch einmengen.

Fingerdick auf ein gefettetes bemehltes Backblech streichen. Mit den geschälten, halbierten Birnen, die in Zuckerwasser gedünstet wurden, belegen.

Den Kuchen etwa 35 Minuten backen.

Omas Tipp:

Anstatt der Birnen, den Kuchen mit Obst der Saison belegen.

Nusszopf

Zutaten

Für den Teig:

300 g Weizenmehl

1 TL Backpulver

100 g Zucker

1 Pkg. Vanillezucker

100 g weiche Butter

1 Becher Sauerrahm

Für die Fülle:

200 g gemahlene
        Haselnüsse

100 g Zucker

1 Ei

1 Eiweiß

etwas Rum

4 EL Wasser

1 Eigelb zum
        Bestreichen

2 EL Marillen-
        marmelade

Zubereitung

Für den Teig Mehl mit Backpulver in einer Rührschüssel mischen. Übrige Zutaten für den Teig hinzufügen und alles mit einem Mixer zu einem Teig verarbeiten. Anschließend mit den Händen zu einer Rolle formen.

Für die Fülle alle Zutaten in eine Schüssel geben und gut verrühren.

Den Teig auf einer leicht bemehlten Arbeitsfläche zu einem Rechteck formen und mit der Fülle bestreichen, dabei am Rand etwa 1 cm frei lassen. Den Teig von der längeren Seite aus aufrollen. Die Rolle der Länge nach mit einem scharfen Messer einmal ganz durchschneiden. Darauf achten, dass die Rolle genau in der Mitte geteilt wird, damit der Zopf gleichmäßig aufgeht. Die beiden Teigstränge mit der Schnittfläche nach oben umeinander schlingen, als Zopf auf das Backblech legen und die Enden fest zusammendrücken.

Eigelb mit Milch verschlagen und den Zopf damit bestreichen. Den Zopf bei 180 °C etwa 40 Minuten backen. Zum Aprikotieren die Marmelade mit Wasser aufkochen. Den warmen Zopf damit bestreichen.

Germzopf

Zutaten

Für den Germteig:

250 g Schlagobers

500 g Mehl

1 Würfel Germ

80 g Zucker

1 Pkg. Vanillezucker

1 Prise Salz

2 Eier

1 Eiweiß

Zum Bestreichen:

1 Eigelb

1 EL Milch

Zubereitung

Für den Teig Schlagobers erwärmen. Mehl in einer Rührschüssel mit der Germ sorgfältig vermischen. Übrige Zutaten und das warme Schlagobers hinzufügen. Alles mit dem Mixer zu einem glatten Teig verarbeiten. Den Teig zugedeckt so lange an einem Ort gehen lassen, bis er sich sichtbar vergrößert hat.

Den Teig leicht mit Mehl bestäuben und auf der leicht bemehlten Arbeitsfläche kurz durchkneten. Aus dem Teig 4 etwa 30 cm lange Rolle formen.

Die Rollen zu einem Zopf flechten. Das Backblech mit Backpapier belegen, den Zopf darauflegen. Eigelb mit Milch verschlagen und den Zopf damit bestreichen. Den Zopf nochmals aufgehen lassen.

Den Zopf bei 180 °C etwa 30 Minuten backen.

Brandteigkrapferl

Zutaten

Für den Teig:

$1/2$ l Wasser

140 g Mehl

Salz

50 g Butter

3 Eier

Für die Creme:

$1/2$ Pkg. Schoko-
pudding

2 EL Kristallzucker

$1/4$ l Schlagobers

6 Blatt Gelatine

$1/4$ l Milch

60 g Staubzucker

2 EL Milch

Zubereitung

Wasser, Butter und Salz aufkochen. Mehl einrühren und so lange rühren, bis sich der Teig vom Geschirr und Kochlöffel löst. Etwas auskühlen lassen und die Eier nach und nach einrühren. Den Teig in einen Dressiersack mit mittlerer Sterntülle füllen.

Auf ein mit Backpapier belegtes Backblech Krapferl spritzen, mit Ei bestreichen und im vorgeheizten Backrohr bei 180 °C ca 15 bis 20 Minuten backen.

Aus Puddingpulver, Milch und Kristallzucker einen Pudding zubereiten. Mit Staubzucker bestreuen und kalt stellen. Gelatine in kaltem Wasser einweichen. Pudding glatt rühren, Gelatine in etwas Milch erwärmen und in den Pudding einrühren. Geschlagenes Schlagobers unter die Puddingmasse unterheben.

Die Krapferl horizontal halbieren. Creme auf die Unterteile spritzen. Deckel aufsetzen und mit Staubzucker bestreuen.

Schaumrollen

Zutaten

Für den Vorteig:

1 kg Mehl

80 g Öl

15 g Salz

etwa 45 ml Wasser

Für den Butterziegel:

1 kg Butter

100 g Mehl

Ei zum Bestreichen

Für die Fülle:

3 Eiklar

150 g Kristallzucker

Zubereitung

Alle Zutaten für den Vorteig, einschließlich Wasser, am besten schon am Vortag in den Kühlschrank legen, um eine niedrige Temperatur zu erreichen und somit die Butter leichter eintourieren zu können. Die Butter für den Butterziegel mit dem Mehl kurz zusammenarbeiten und auf Folie oder Pergamentpapier zu einer Platte von etwa 35 x 20 cm formen. In den Kühlschrank legen und dabei beachten, dass die Butter wohl fest aber nicht brüchig hart wird, sondern plastisch bleibt. Für den Vorteig zu einem glatten, plastisch festen Teig vermischen. Die Wassermenge muss unter Umständen, je nach Mehlqualität, korrigiert werden. Das Teigstück zur Kugel formen, in Folie wickeln und $^1/_2$ Stunde kalt stellen. Den Vorteig in der doppelten Größe des Butterziegels ausrollen und tourieren (einfach-doppelt-einfach-doppelt). Den Teig in Klarsichtfolien einschlagen und über Nacht kalt stellen. Den Blätterteig 2,5 mm dick ungefähr 40 cm breit ausrollen. Die Teigfläche mit verschlagenem Ei bestreichen und in Streifen schneiden. Auf die Formen aufrollen und bei 200 °C etwa 20 Minuten backen. Nach dem Auskühlen mit über Wasserdampf aufgeschlagenem Schnee füllen.

Krapfen

Zutaten

Für den Teig:

500 g glattes Weizen-
mehl

300 ml Milch

1 Germwürfel

3 Eidotter

300 g Butter

40 g Zucker

$^1/_2$ Stamperl Rum

1 Prise Salz

Butterschmalz zum
Herausbacken.

Marillenmarmelade
zum Füllen

Zubereitung

Alle verwendeten Zutaten, auch das Holzbrett, auf dem gearbeitet wird, sollten Zimmertemperatur haben.

Mehl in eine Schüssel geben und in die Mitte eine Mulde drücken, wo man aus Germ, 3 TL Mehl, 3 EL Milch und 1 TL Zucker ein Dampfl bereitet. Dampfl 30 Minuten gehen lassen.

Butter in einem Topf zerlassen und mit der Milch aufgießen. Alle Zutaten zu einem sehr weichen Teig abschlagen. (Es ist besser, den Teig sehr weich zubereiten und nach dem Gehen noch etwas Mehl einzukneten.) Den Teig gehen lassen. Nach 30 Minuten nochmals abschlagen und nochmals gehen lassen. Dadurch wird er sehr locker.

Germteig zu einer Rolle formen und Stücke je nach gewünschter Größe abschneiden. Teigstücke zu Bällchen formen und Bällchen schleifen. Teigbällchen zudecken und nochmals 30 Minuten gehen lassen. So viel Butterschmalz im Topf erhitzen, dass die Krapfen schwimmend herausgebacken werden können. Das Fett sollte 170 °C haben. Die Krapfen in das Fett einlegen und goldbraun backen. Umdrehen und fertig backen.

Gebackene Mäuse

Zutaten

Für den Teig:

200 g Mehl

$^1/_8$ l lauwarme Milch

10 g Germ

40 g Zucker

1 Prise Salz

2 Eidotter

40 g lauwarm zerlassene Butter

20 g Rosinen

Fett zum Herausbacken

Zubereitung

Das Mehl in einer Schüssel sieben und in die Mitte eine Vertiefung drücken. Von der Milch 2 EL abnehmen und darin in einer Tasse die Germ mit 1 TL Zucker auflösen. Anschließend in die Mehlmulde gießen und mit etwas Mehl vermischen. Die Schüssel mit einem Tuch abdecken und das Dampfl an einem warmen Ort 15 Minuten aufgehen lassen. Die restlichen Zutaten zugeben und alles zusammen gut abschlagen, bis sich der Teig vom Schüsselrand löst. Erneut abdecken und aufgehen lassen, bis der Teig das doppelte Volumen erreicht hat.

Inzwischen reichlich Fett in einer großen Pfanne auf 180 °C erhitzen.

Den Teig nochmals durchkneten. Mit Hilfe von zwei Löffeln Nocken abstechen, in das heiße Fett gleiten lassen und goldgelb ausbacken. Die Pfanne dabei immer wieder rütteln.

Die gebackenen Mäuse mit einem Löffel auf Küchenpapier heben und abtropfen lassen. Noch warm mit Staubzucker besieben oder in Zimtzucker wälzen und mit einem Kännchen Himbeersaft servieren.

Polsterzipf

Zutaten

Für den Germteig:

500 g glattes Weizen mehl

1 Germwürfel

250 g Topfen

warmes Wasser nach Bedarf

1 Eidotter

50 g Zucker

50 g Butter

$^1/_2$ TL Salz

Fett zum Herausbacken

Staubzucker zum Bestreuen

Zubereitung

Aus den angeführten Zutaten einen Germteig zubereiten und gehen lassen, bis sich sein Volumen verdoppelt hat.

Teig dünn ausrollen und mit dem Teigrädchen Vierecke ausradeln. Teigstücke nochmals 20 Minuten gehen lassen.

Inzwischen Butterschmalz erhitzen (Kochlöffel-Stiel-Probe machen).

Polsterzipfe zuerst mit Deckel zugedeckt backen, umdrehen und offen fertig backen.

Vor dem Servieren mit Staubzucker bestreuen.

Topfenstriezel

Zutaten

Für den Teig:

150 g Topfen

3 EL Milch

80 g Zucker

1 Pkg. Vanillezucker

3 EL Öl

1 Eier

1 Dotter

1 Prise Salz

350 g Mehl

$^3/_4$ Pkg. Backpulver

100 g Rosinen

1 EL Rum

Zitronenschale

Zubereitung

Topfen, Milch, Zucker, Vanillezucker, Öl, Eier und Salz schaumig rühren. Mehl und Backpulver dazugeben. Rosinen und Zitronenschale unterkneten.

Striezel formen und mit Ei bestreichen.

Bei mittlerer Hitze goldgelb backen.

Topfengitterkuchen

Zutaten

Für den Teig:

5 Eier

$^1/_8$ l lauwarmes Wasser

320 g Zucker

320 g griffiges Mehl

$^1/_2$ Pkg. Backpulver

Für die Creme:

2 Eier

100 g Staubzucker

2-3 Pkg. Topfen

2 Pkg. Vanillezucker

Zubereitung

Eier trennen. Dotter, Öl, Wasser und Zucker schaumig rühren. Mehl und Backpulver versieben und unterheben. Eischnee unterziehen. Teig auf ein befettetes Backblech streichen.

Für die Creme die Eier trennen. Dotter, Zucker, Topfen und Vanillezucker verrühren. Eischnee unterheben.

Creme gitterförmig auf den Teig spritzen und den Kuchen bei 180 °C etwa 50 Minuten backen.

Apfelkuchen mit Schneehaube

Zutaten

Für den Teig:

300 g Mehl

$^1/_2$ Pkg. Backpulver

200 g Butter

250 g Staubzucker

4 Dotter

200 g geriebene
     Nüsse

1 kg geraspelte Äpfel

Für die Schneehaube:

4 Eiklar

160 g Kristallzucker

Zubereitung

Aus Mehl, Backpulver, Butter, Staubzucker, Dotter und Nüssen einen Mürbteig zubereiten. Ausrollen und auf mit Backpapier belegtes Blech geben.

Die grob geraspelten Äpfel darauf verteilen und bei 180 °C etwa 35 Minuten backen.

Eiklar zu steifem Schnee schlagen. Nach und nach den Zucker einfließen lassen und sehr steif aufschlagen. Den Schneeschaum auf den gebackenen Kuchen streichen und bei 210 °C etwa 2 Minuten überbacken.

Rehrücken

Zutaten

Für den Teig:

80 g Butter

100 g Staubzucker

70 g erweichte
    Schokolade

4 Eier

100 g geriebene
    Mandeln

50 g Biskuitbrösel

120 g Butter

160 g Schokolade

gestiftete Mandeln

Zubereitung

Butter, Zucker und erweichte Schokolade gut rühren. Nach und nach die Dotter dazu und gut schaumig rühren. Mandeln und Brösel dazu, den Schnee einheben.

In einer befetteten, bemehlten Rehrückenform bei mittlerer Hitze backen.

Erkaltet mit Schokoladenglasur (Schokolade mit Butter unter Rühren erwärmen) überziehen und mit Mandelstifte spicken.

Topfengitterkuchen mit Äpfel

Zutaten

Für den Teig:

400 g Mehl

3 Pkg. Backpulver

200 g Butter

2 Eier

200 g Staubzucker

2 EL Milch

1 Pkg. Vanillezucker

Für den Belag:

$^1/_2$ l Milch

1 Pkg. Vanillepudding

250 g Topfen

1 Ei

3 EL Zucker

600 g Äpfel

Zimt

Zucker

Zubereitung

Aus den Zutaten einen Mürbteig zubereiten und $^1/_2$ Stunde rasten lassen.

Für den Belag aus Milch und Puddingpulver einen Pudding kochen und auskühlen lassen. Topfen, Ei und Zucker glattrühren und unter den Pudding unterheben. Eventuell Rosinen und Zitronenschale beigeben.

Die Äpfel schälen und grob raspeln.

$^2/_3$ des Teiges auf einem befetteten Blech ausrollen und mit der Topfen-Puddingmasse bestreichen. Äpfel darauf verteilen und mit Zucker und Zimt bestreuen. Aus dem restlichen Teig dünne Rollen formen und als Gitter auf den Kuchen legen.

Bei 180 °C etwa 60 Minuten backen.

Vor dem Servieren mit Staubzucker bestreuen.

Windräder

Zutaten

Für den Teig:

250 g Mehl

250 g Rama

250 g Topfen

Salz

Marmelade

Zubereitung

Mehl und Butter abbröseln mit Salz und Topfen leicht verkneten.

Den Teig $^1/_2$ cm dick ausrollen, Quadrate radeln. Die Ecken diagonal einschneiden. In die Mitte der Quadrate einen Marmeladenklecks geben und Windräder formen.

Im vorgeheizten Ofen bei 200 °C goldgelb backen.

Marillenwindräder

Zutaten

Für den Plunderteig:

1 Pkg. Germ

500 g Mehl

50 g Staubzucker

$^1/_2$ TL Salz

2 Eidotter

$^1/_4$ l Milch

400 g Butter

Für die Topfenfülle:

250 g Topfen

100 g Staubzucker

Zitronensaft

1 EL Speisestärke

1 Ei

10 Marillen

1 Ei zum Bestreichen

Zubereitung

Germ, Milch, Zucker, Salz, Eidotter und kalte Milch zu einem glatten mittelfesten Teig kneten und diesen abgedeckt 1 Stunde im Kühlschrank ruhen lassen.

Butter auf einer bemehlten Arbeitsfläche zu einer Platte von 20 x 30 cm Größe ausrollen. Germteig etwas mehr als doppelt so groß ausrollen, Butterplatte auf die eine Teighälfte legen, die zweite Teighälfte darüber schlagen und den Rand fest andrücken. Fingerhoch ausrollen, dreiteilig zusammenschlagen und 10 Minuten im Tiefkühlfach rasten lassen. Diesen Vorgang 2 Mal wiederholen.

Für die Fülle alle Zutaten verrühren.

Teig ca. 3 mm dick ausrollen. Quadrate ausradeln, Ecken diagonal zur Mitte etwas einschneiden. In die Mitte jeweils einen Löffel Topfenfülle geben. Ecken zur Mitte falten und mit einer Marillenhälfte fixieren. Auf ein mit Backpapier ausgelegtes Backblech legen und nochmals $^1/_2$ Stunde gehen lassen.

Die offenen Teigflügel mit versprudeltem Ei bestreichen und bei 200 °C 15 Minuten backen.

Bauernkrapfen

Zutaten

Für den Teig:

500 g glattes Mehl

300 ml Milch

1 Germwürfel

3 Eidotter

20 g Butter

1 TL Zucker

$^1/_2$ Stamperl Rum

1 Prise Salz

Butterschmalz zum Herausbacken

Zubereitung

Alle verwendeten Zutaten, auch das Holzbrett, auf dem gearbeitet wird, sollten Zimmertemperatur haben. Mehl in eine Schüssel geben und in die Mitte eine Mulde drücken, wo man aus Germ, 3 TL Mehl, 3 EL Milch und 1 TL Zucker ein Dampfl zubereitet. Dampfl 30 Minuten gehen lassen. Butter in einem Topf zerlassen und mit der Milch aufgießen. Alle Zutaten zu einem sehr weichen Teig abschlagen. Den Teig gehen lassen. Nach 30 Minuten nochmals abschlagen und nochmals gehen lassen. Dadurch wird er sehr locker. Germteig zu einer Rolle formen und Stücke je nach gewünschter Größe abschneiden.

Teigstücke zu Bällchen formen und Bällchen schleifen. Teigbällchen zudecken und nochmals 30 Minuten gehen lassen. Die Bällchen von der Mitte auseinanderziehen, sodass sie in der Mitte dünner sind und ein Rand von 1 cm entsteht. So viel Butterschmalz im Topf erhitzen, dass die Krapfen schwimmend heraus gebacken werden können. Das Fett sollte 170 °C haben. Die Krapfen in das Fett einlegen und goldbraun backen. Umdrehen und fertig backen.

Saftiger Zwetschkenfleck

Zutaten

Für den Teig:

250 g glattes Mehl

$^1/_2$ Würfel Germ

125 ml Milch

50 g Zucker

80 g Butter

2 Eidotter

etwas Salz

Für den Belag:

1 kg Zwetschken

Zucker nach Bedarf

Zimt

Vanillezucker

Staubzucker zum
Bestreuen

Zubereitung

Aus den angeführten Zutaten einen Germteig zubereiten. Den Teig zugedeckt an einem warmen Ort gehen lassen, bis er sein Volumen verdoppelt hat.

Für den Belag in der Zwischenzeit Zwetschken entkernen und halbieren bzw. vierteln. Zwetschken mit Zucker, Vanillezucker und Zimt aromatisieren.

Teig ausrollen und auf ein befettetes bemehltes Backblech legen. Teig eng mit Zwetschken belegen. Nochmals 30 Minuten gehen lassen. Backrohr auf 190 °C vorheizen. Backblech einschieben und den Zwetschkenfleck etwa 25 Minuten backen.

Anschließend mit Staubzucker bestreuen.

Topfengolatschen

Zutaten

Für den Plunderteig:

250 g glattes Mehl

$^1/_2$ Würfel Germ

125 ml Milch

25 g Butter

1 Eidotter

$^1/_2$ TL Salz

Für die Fülle.

250 g Topfen

50 g Zucker

1 Pkg. Vanillepudding

Rosinen nach Geschmack

1 Ei zum Bestreichen

Staubzucker zum Bestreuen

Zubereitung

Aus den angeführten Zutaten einen Germteig zubereiten. Den Germteig mindestens 3 Stunden oder über Nacht in den Kühlschrank stellen.

Germteig quadratisch ausrollen. Mehl auf ein Brett sieben und das Stück kalte Butter darauf geben. Mit kühlen Händen einen flachen, quadratischen Ziegel formen.

Butterziegel in die Mitte des Teiges setzen. Den Butterziegel mit Teig umhüllen. Teigenden übereinander schlagen und gut verschließen. Teig der Länge nach ausrollen. Den Teig von zwei Seiten übereinander klappen, sodass drei Lagen entstehen. 30 Minuten kühlen ruhen lassen. Vorgang noch 2 Mal wiederholen.

Für die Fülle Topfen, Vanillepuddingpulver und Zucker zu einer feinen Creme abrühren. Nach Geschmack Rosinen dazugeben.

Teig ausrollen und Quadrate von ca. 14 cm Kantenlänge ausradeln. Fülle in die Mitte der Teigstücke setzen. Teigränder mit verquirltem Ei bestreichen und übereinander klappen. Die Topfengolatschen bei 200 °C etwa 20 Minuten backen.

Blätterteig - Erdbeertascherl

Zutaten

Für den Teig:

250 g Mehl, gesiebt

1 MS Salz

125 ml Wasser, es muss eiskalt sein

250 g Butter, aus dem Kühlschrank

Für die Fülle:

$1/_{16}$ l Milch

1 EL weiche Butter

1 EL Zucker

1 TL Vanillezucker

50 g geriebene Walnüsse

2 EL Rum

Für den Belag:

200 g Erdbeeren

1 Ei zum Bestreichen

Staubzucker zum Bestreuen

Zubereitung

Das gesiebte Mehl auf eine Platte geben, in die Mitte eine Vertiefung für Salz und Wasser drücken. Salz und Wasser hinzufügen. Das gesamte Mehl gut und rasch einkneten, bis sich ein glatter Teig ergibt. Den Teig 15 Min. im Kühlschrank ruhen lassen. In den Teig den flachen Butterziegel einschlagen. Den Teig in eine Richtung hin ausrollen und von zwei gegenüberliegenden Seiten nach innen einschlagen. 20 Min. in den Kühlschrank. Ausrollen und in Dritteln übereinander schlagen Wieder kalt stellen (20 Min.). Den Vorgang noch 2-3 mal wiederholen. Den Blätterteig messerrückendick zu einem Rechteck ausrollen. Quadrate (10 cm) ausschneiden und die Teigecken leicht mit Ei bestreichen. Für die Fülle Milch, Butter, Zucker und Vanillezucker aufkochen. Nüsse und Rum einrühren, von der Kochstelle nehmen und erkalten lassen. Die Fülle mit einem Löffel auf den Teigstückchen verteilen. Je eine Erdbeere auf die Fülle setzen, die Teigecken über der Erdbeere zusammenlegen und leicht andrücken. Die Tascherl mit Ei bestreichen. Die Erdbeertascherl bei 200 °C etwa 15 Min. backen.

Mohn (Nuss) -Kipferl

Zutaten

Für den Teig:

300 g Mehl

1 Pkg. Germ

50 g Zucker

1 Pkg. Vanillezucker

1 Ei

80 g zerlassene Butter

$^1/_{16}$ l lauwarme Milch

Für die Mohnfülle:

$^1/_8$ l Milch

100 g Zucker

1 Pkg. Vanillezucker

30 g Bienenhonig

250 g Mohn gerieben

Für die Nussfülle:

$^1/_8$ l Milch

100 g Zucker

1 Pkg. Vanillezucker

20 g Bienenhonig

250 g Walnüsse

Zubereitung

Das Mehl in eine Rührschüssel sieben und mit der Germ gut vermischen. In die Mitte eine Vertiefung eindrücken, Salz, Zucker, Vanillezucker, Ei, Butter und Milch dazugeben. Mit dem Mixer so lange kneten, bis sich der Teig von der Schüssel löst.

Den Teig an einem warmen Ort zugedeckt etwa 30 Minuten gehen lassen.

Für die Fülle Milch, Zucker, Vanillezucker und Honig aufkochen. Mohn (Nüsse) dazugeben und alles gut verrühren.

Den Teig zu einer Rolle formen. Ca 2 cm breite Stücke abschneiden und diese zu Ellipsen ausrollen. Die Mohn- (Nuss-) Fülle darauf geben und zusammenrollen. An den Enden fest zusammendrücken, zu Beugel formen und mit Ei bestreichen. (Mohnbeugel: Spitz gebogen, Nussbeugel: Rund gebogen)

Die Beugel bei 180 °C 20-25 Minuten backen.

Salzburger Nockerl

Zutaten

Für den Teig:

100 g Mehl

150 ml Milch

50 g Butter

8 Eier

1 Prise Salz

1 EL Zucker

1 Pkg. Vanillezucker

Für die Creme:

100 g Butter

7 Eier

70 g Zucker

$1/2$ Pkg. Vanillezucker

$1\,1/2$ l Milch

Butter für die Form

Zubereitung

Das Mehl in einem Topf sieben und gut mit der Milch verrühren. Die Butter hinzufügen und unter ständigem Rühren aufkochen lassen. Vom Herd nehmen und auskühlen lassen. Einzeln nacheinander die Eidotter einrühren. Das Salz, den Zucker und Vanillezucker zufügen. Zuletzt den Eischnee unterheben. Die Milch zum Kochen bringen und mit Hilfe von 2 EL gleichmäßig große Nockerl einlegen - immer nur wenige, da diese sehr stark aufgehen. Auf jeder Seite $1\,1/2$ Minuten garziehen lassen. Mit dem Löffel herausnehmen und in einem Sieb abtropfen lassen.

Für die Creme die Butter schaumig rühren. Einzeln nacheinander die Eidotter zufügen und mit je 1 TL Zucker und Vanillezucker schaumig rühren. Zuletzt die mit dem restlichen Zucker zu Schnee geschlagenen Eiklar unterheben.

Eine feuerfeste Form gut ausbuttern. Die Hälfte der Creme einfüllen, darauf die Nockerl setzen und darüber die restliche Creme verteilen. Bei 180 °C im vorgeheizten Backrohr etwa 30 Minuten goldgelb backen.

Kaiserschmarren

Zutaten

$^1/_2$ l Milch

250 g Mehl

4 Eier

1 Prise Salz

1 EL Zucker

Rosinen nach Belieben

Butter zum Ausbacken

Staubzucker zum Besieben

Zubereitung

Die Milch mit dem Mehl unter Rühren zu einem dicken Brei kochen. Nach dem Erkalten die Eidotter und das Salz unterrühren. Zuletzt die mit dem Zucker zu Schnee geschlagenen Eiklar und die Rosinen unterheben.

In einer Pfanne Butter erhitzen und den Teig in zwei Portionen backen. Jeweils zuerst zudecken und die Unterseite goldgelb backen. Nach dem Wenden mit der Gabel groß zerreißen.

Staubzucker mit Vanillezucker oder Zimt mischen und den angerichteten Schmarren damit besieben.

Omas Stadl - Dach

Zutaten

Für den Teig:

5 Eier

140 g Zucker

140 g Mehl

Für die Creme:

200 g weiche Butter

100 g Staubzucker

4 EL Rum

3 EL Nutella

100 g erweichte Milch-
schokolade

Marillenmarmelade
zum Bestreichen

Schokoladenglasur

Zubereitung

Eier mit Zucker cremig aufschlagen, das Mehl darüber sieben und vorsichtig unterheben. Die Masse halbieren und auf 2 befettete, mit Mehl bestaubte Backbleche streichen. Den Teig bei 200 °C etwa 10 Minuten backen.

Das Biskuit sofort der Breite nach in 3 gleiche Streifen schneiden (ca. 10 cm) und vorsichtig mit einer Palette vom Blech lösen. Diesen Vorgang für die zweite Masse wiederholen.

Für die Creme Butter, Staubzucker und Rum aufschlagen. Haselnusscreme und Schokolade dazugeben und schaumig rühren. (6 EL der Creme zur Seite geben)

5 Biskuitstreifen mit der Creme zusammensetzen und ca. 1 Stunde kalt stellen. Das Ganze mit einem Messer der Lange nach diagonal vom rechten oberen zum linken unteren Ende) durchschneiden. Eine Seite des Dreiecks mit der Hälfte der Creme bestreichen und mit dem anderen Dreieck dachförmig zusammensetzen. Den übrigen Biskuitstreifen mit der restlichen Creme bestreichen und das Dreieck daraufsetzen. Das Dreieck leicht mit Marmelade bestreichen. Das Dach glasieren.

Schaumrollen aus Topfenteig

Zutaten

Für den Teig:

250 g gesiebtes Mehl

250 weiche Butter

250 g Magertopfen

1 Prise Salz

Für die Schaum-masse:

6 EL Wasser

220 g Zucker

3 Eiklar

45 g Zucker

1 Ei zum Bestreichen

Staubzucker zum Bestreuen

Zubereitung

Das Mehl mit den übrigen Zutaten in eine Rührschüssel geben und mit dem Mixer zu einem glatten Teig verkneten.

Den Teig 8 mm dick rechteckig ausrollen. Von beiden Seiten zur Mitte hin einschlagen und wie ein Buch zusammenklappen. Diesen Vorgang nochmals wiederholen. Den Teig 1 Stunde kalt stellen.

Den Teig 25 cm breit und 3 mm dick ausrollen, mit Ei bestreichen und in 3 cm breite Streifen schneiden. Die Teigstreifen etwas überlappend auf die Schaumrollformen wickeln. Die Schaumrollen bei 200 °C etwa 20 Minuten backen.

Für die Schaummasse Wasser mit Zucker verrühren und 2,5 Minuten kochen lassen. Eiklar mit Zucker steif schlagen und unter Rühren die kochend heiße Zuckerlösung dazugeben.

Die Schaummasse mit einem Spritzbeutel die Schaumrollen füllen. Zum Schluss mit Staubzucker bestreuen.

Cointreau-Nougat-Kuchen

Zutaten

Für den Teig:

200 g erweichter Nougat

4 Eier

1 Prise Salz

70 g glattes Mehl

$^{1}/_{2}$ Pkg. Backpulver

1 Pkg. Vanillepudding

100 g geriebene Mandeln

Für die Creme:

100 ml Orangensaft

50 ml Cointreau

4 EL Zucker

3 Blatt Gelatine

100 ml Schlagobers

etwas Cointreau zum Tränken

Zubereitung

Nougat mit Dotter, Staubzucker und Salz gut verrühren. Mehl mit Backpulver und Puddingpulver mischen, darüber sieben und mit den Mandeln einrühren.

Eiklar steif schlagen und vorsichtig unterheben. Den Teig in eine Kuchenform füllen und glattstreichen. Den Kuchen bei 180 °C etwa 40 Minuten backen.

Für die Creme Orangensaft, Cointreau und Zucker gut verrühren. Die Gelatine nach Vorschrift zubereiten und gut einrühren. Schlagobers aufschlagen und - bei beginnender Gelierung der Flüssigkeit - sofort unterheben.

Den erkalteten Kuchen 3 Mal durchschneiden und mit $^{3}/_{4}$ der Creme füllen, dabei die Kuchenblätter immer mit etwas Cointreau tränken.

Mit der übrigen Creme Oberfläche und Rand bestreichen und mit Schokospänen und Pistazien bestreuen.

Apfelwölkchen

Zutaten

Für den Teig:

3 Dotter

3 EL Wasser

1 Pkg. Vanillezucker

50 g zerlassene Butter

200 g glattes Mehl

$^1/_2$ Pkg. Backpulver

$^1/_{16}$ l Milch

Zum Betreuen:

1 Pkg. Sahnesteif

Zum Bestreichen:

700 g Apfelmus

Für den Belag:

3 Eiklar

1 Pkg. Vanillezucker

200 g Zucker

Zubereitung

Dotter mit Wasser, Zucker und Vanillezucker cremig aufschlagen. Die Butter kurz einrühren. Mehl und Backpulver mischen, darüber sieben und mit der Milch unterheben. Den Teig auf einem Backblech verteilen und bei 180 °C etwa 20 Minuten backen.

Den abgekühlten Boden mit Sahnesteif gleichmäßig bestreuen und mit Apfelmus bestreichen.

Eiklar mit Vanillezucker aufschlagen, den Zucker nach und nach dazugeben und steif schlagen.

Den Eischnee auf dem Apfelmus verteilen und wellenförmig verstreichen. Den Kuchen nochmals bei 180 °C etwa 7 Minuten backen.

Erdbeer-Obers-Roulade

Zutaten

Für den Biskuitteig:

5 Eidotter

95 g Kristallzucker

3 g Vanillezucker

1 Prise Salz

4 Eiklar

80 g Mehl

Für die Creme:

8 g Gelatine

$1/4$ l Schlagobers

150 g Erdbeermark

70 g Kristallzucker

2 cl Orangensaft

100 g Erdbeeren

Vanillezucker zum
Besieben

Zubereitung

Die Eidotter mit 15 g Zucker, dem Vanillezucker und dem Salz schaumig rühren. Die Eiklar mit dem restlichen Zucker zu Schnee schlagen. Beide Massen flüchtig miteinander vermischen. Das auf ein Papier gesiebte Mehl unterheben. Den Teig auf das Backblech streichen und bei 210 °C 15-20 Minuten backen.

Nach dem Ausbacken sofort auf ein mit Kristallzucker bestreutes Papier umdrehen und auskühlen lassen.

Für die Creme die Gelatine nach Vorschrift zubereiten. Schlagobers schlagen und kühl stellen. Die restlichen Zutaten verrühren, die heiße Gelatine untermischen und in das geschlagene Schlagobers unterheben.

Von der Roulade das Backpapier abziehen und die Creme zum oberen Rand verlaufend verstreichen. Die mit Küchenpapier trocken, getupften und in Stücke geschnittenen Erdbeeren locker aufstreuen und ein wenig in die Creme drücken. Die ungerollte Roulade zum leichten Anstocken in den Kühlschrank stellen.

Mit Hilfe des Papiers aufrollen, straff in das Papier einwickeln und im Kühlschrank kalt stellen.

Schoko-Haselnuss-Roulade

Zutaten

Für den Biskuitteig:

4 Eier

100 g Staubzucker

100 g Mehl

1 Prise Salz

Für die Creme:

150 g weiche Butter

3 -4 EL Staubzucker

3 Eidotter

100 g geschmolzene
Schokolade

100 g geröstete
Haselnüsse

Zubereitung

Die Dotter mit 20 g Staubzucker schaumig rühren. Die Eiklar mit dem restlichen Staubzucker zu Schnee schlagen. Dotterschaum und Eischnee locker vermischen.

Das Mehl mit dem Salz versieben und unter die Masse unterheben. Den Biskuitteig bei 200 °C etwa 12 Minuten backen.

Nur kurz abdampfen lassen. Auf ein leicht gezuckertes Tuch umdrehen, das Backpapier abziehen, einrollen und abkühlen lassen. Wieder aufrollen und füllen. Die Fülle nicht ganz zum Rand auftragen, damit sie beim Zusammenrollen nicht an den Seiten austritt.

Für die Creme Butter schaumig rühren. Nach und nach den Staubzucker und die Dotter zuführen. Zuletzt die Schokolade und die Haselnüsse untermischen.

Biskuitroulade mit Mohn

Zutaten

Für den Biskuitteig:

7 Eier

100 g Mehl

40 g Mohn

210 g Zucker

1 Prise Salz

etwas Öl

Marmelade

Zubereitung

Eiklar zu Schnee schlagen. Zucker dazugeben und nochmals aufschlagen.

Inzwischen Eidotter, Salz und Öl versprudeln. Vorsichtig zur Schneemasse rühren.

Das Mehl mit Mohn vermischen und zur Schnee-Dotter-Mischung dazumengen.

Auf ein befettetes Blech streichen und bei 175 °C etwa 15 Minuten backen.

Mit Marmelade bestreichen und zusammenrollen. Zum Schluss mit Staubzucker bezuckern.

Kaffeeroulade

Zutaten

Für den Biskuitteig:

6 Eier

120 g Zucker

60 g Nüsse

50 g Mehl

Für die Creme:

1 Becher Schlagobers

1 EL Staubzucker

1 Pkg. Vanillezucker

1 TL Kaffee

Zubereitung

Für den Biskuitteig Eier und Zucker schaumig rühren. Nüsse und Mehl dazugeben. Etwa 10 Minuten backen.

Die Roulade auf ein Tuch stürzen und einrollen. Abgekühlt mit der Creme füllen.

Für die Creme den Kaffee in einem EL heißem Wasser auflösen und Zucker dazu rühren. Den kalten Kaffee unter das steife Schlagobers rühren.

Omas Tipp:

Anstatt Kaffee einfach Nutella verwenden. Damit können auch die Kleinsten die Roulade genießen.

Mohnroulade mit Powidl

Zutaten

Für den Teig:

70 g glattes Mehl

5 Eier

200 g Kristallzucker

80 g Graumohn

$^1/_2$ Pkg. Backpulver

1 Pkg. Vanillezucker

Für die Fülle:

300 g Powidl

5 EL Rum

Zubereitung

Eier, Zucker und Vanillezucker schaumig rühren. Mehl, Mohn und Backpulver vermischen und kleinweise unter die Eiermasse rühren.

Den Teig auf ein mit Backpapier ausgelegtes Blech streichen und bei 180 °C etwa 10 - 12 Minuten backen.

Powidl und Rum glattrühren. Die überkühlte Roulade mit Powidlmasse bestreichen und wieder zusammenrollen

Mit Schlagobers servieren.

Marzipanroulade

Zutaten

Für den Teig:

4 Eier

100 g Zucker

1 Pkg. Vanillezucker

100 g Mehl

1 Msp. Backpulver

Für die Fülle:

$\frac{1}{4}$ l Milch

1 Pkg. Pudding

$\frac{1}{4}$ l Schlagobers

5 Blatte Gelatine

200 g Butter

50 g Staubzucker

Zum Bestreichen:

4 -5 EL Marmelade

Zum Verzieren:

400 g Marzipan

200 g Staubzucker

Zubereitung

Die Dotter schaumig schlagen und nach und nach $\frac{2}{3}$ des Zuckers mit dem Vanillezucker hinzugeben. Danach so lange schlagen, bis eine cremeartige Masse entstanden ist. Das Eiklar zu steifen Schnee schlagen und unter ständigem Schlagen den Rest des Zuckers zugeben. Den Schnee auf die Dottermasse geben, darüber das mit Backpulver gemischte Mehl sieben und alles vorsichtig unter die Dottermasse ziehen. Den Teig auf ein Backblech streichen und bei 180 °C etwa 10 - 12 Min. backen. Das Biskuit nach dem Backen sofort auf ein mit Zucker bestreutes Papier stürzen, das Backpapier mit kaltem Wasser bestreichen und vorsichtig abziehen. Das Biskuit mit dem Papier aufrollen und kalt stellen. Für die Fülle Pudding nach Vorschrift zubereiten. In den kalten Pudding das geschlagene Schlagobers mit der erweichten Gelatine unterrühren. Die Creme in einen Spritzbeutel ohne Tülle füllen. Die ausgekühlte Roulade vorsichtig auseinander rollen, dünn mit Marmelade bestreichen. In die Mitte eine dicke Cremerolle spritzen. Zusammenrollen und kalt stellen. Marzipan mit Staubzucker verkneten und darin die mit Marmelade bestrichene Roulade einwickeln.

Klosterkipferl

Zutaten

Für den Teig:

140 g Weizenmehl

100 g geriebene Haselnüsse

50 g geriebene Schokolade

100 g Butter

30 g Staubzucker

1 Dotter

Kochschokolade

Sonnenblumenöl

Zubereitung

Das Weizenmehl und die Butter abbröseln und mit den geriebenen Haselnüssen, der geriebenen Schokolade, dem Staubzucker und dem Dotter rasch zu einem glatten Teig verarbeiten. Den Teig in eine Klarsichtfolie wickeln und 1 Stunde kühl rasten lassen. Das Backrohr auf 180 °C vorheizen; ein Backblech mit Backpapier auslegen.

Den Teig auf einer bemehlten Arbeitsfläche kurz durchkneten; danach in 4 Teile teilen; aus jedem Teig eine ca. 2 cm dicke Rolle formen. Daraus ca. 2 cm breite Stücke schneiden und zu Kipferl formen.

Die Kipferl auf das Backblech legen und etwa 10 - 12 Minuten backen.

Für die Schokoladenglasur Schokolade und Öl gemeinsam erwärmen und glatt rühren. Die ausgekühlten Kipferl mit beiden Enden in die Glasur tauchen und zum Abtrocknen auf ein Gitter legen.

Ungarische Halbmonde

Zutaten

Für den Teig:

400 g Mehl

250 g Thea oder
     Butter

etwas Salz

2 EL Zucker

20 g Germ

2 EL Milch

3 Dotter

Für die Fülle:

3 Eiklar

250 g Kristallzucker

geriebene Nüsse

Zimt

Zubereitung

Mehl, Thea und Salz in einer Schüssel zerbröseln. Die Germ in Milch auflösen und mit Dotter und den restlichen Zutaten rasch zu einem Teig verkneten. Im Kühlschrank rasten lassen.

Für die Fülle Eiklar und Zucker über Dunst sehr steif schlagen.

Teig vierteln, ausrollen und mit Fülle bestreichen. Geriebene Nüsse und Zimt darüber streuen und die Masse einrollen.

Mit Krapfenausstecher Monde ausstechen und bei 180° C backen.

Schwarze Röllchen

Zutaten

Für den Teig:

350 g Mehl

150 g Staubzucker

180 g weiche Butter

70 g geriebene
     Haselnüsse

1 Ei

2 TL Kakao

Zum Tunken:

Schokolade

Sonnenblumenöl

Für die Creme:

3 Eiklar

70 g Zucker

250 g weiche Butter

1 Pkg. Vanillezucker

Zubereitung

Für den Teig alle Zutaten der Reihe nach in eine Rührschüssel geben und zu einem Teig verkneten. Den Teig rechteckig 2 mm dick ausrollen und in 6 x 9 cm große Stücke schneiden.

Jeweils 2 Teigstücke auf eine Schaumrollenform wickeln und der Nacht nach unten auf ein befettetes Backblech legen. Die Röllchen bei 200 °C etwa 16 Minuten backen.

Die noch heißen Röllchen vorsichtig von den Formen ziehen.

Für die Schokoladenglasur Schokolade und Öl gemeinsam erwärmen und glatt rühren. Die erkalteten Röllchen mit beiden Enden ca 1 cm tief in die Glasur tunken und erstarren lassen.

Für die Creme Eiklar mit Zucker im heißen Wasserbad aufschlagen, von der Kochstelle nehmen und zu steifen Schnee kalt schlagen.

Butter mit Vanillezucker schaumig rühren. Den Eischnee dazugeben und rasch einrühren. Die Creme in die Röllchen spritzen.

Mohnwellen

Zutaten

Für den Teig:

175 g Weizenmehl

1 Pkg. Backpulver

125 g Zucker

1 Pkg. Vanillezucker

4 Eier

175 g weiche Butter

1 Becher Sauerrahm

150 gemahlener Mohn

Für den Belag:

1 Pkg. Vanillepudding

100 g Zucker

$^1/_2$ l Milch

250 g weiche Butter

1 Becher Sauerrahm

Für die Schokoglasur:

Kochschokolade

2 EL Speiseöl

Zubereitung

Für den Teig Mehl mit Backpulver in einer Rührschüssel mischen. Zucker, Vanillezucker, Eier, weiche Butter, Sauerrahm und Mohn hinzufügen. Die Zutaten zu einem Teig verarbeiten. Den Teig auf dem Backblech verstreichen und bei 180 °C etwa 25 Minuten backen.

Für den Belag den Pudding zubereiten. Pudding direkt mit Frischhaltefolie bedecken und erkalten lassen. Weiche Butter geschmeidig rühren. Den Pudding esslöffelweise darunter geben. Zuletzt Sauerrahm unterrühren. Die Buttercreme auf den Kuchenboden glatt streichen und den Kuchen etwa 30 Minuten in den Kühlschrank stellen.

Für den Guss Schokoglasur (Schokolade und Speiseöl erwärmen und glatt rühren) zubereiten und über die Buttercreme streichen.

Allerheiligenstriezel

Zutaten

Für den Teig:

500 g Mehl

1 Pkg. Germ

$1/_2$ TL Salz

2 EL Zucker

150 ml lauwarme
    Milch

75 g Butter

1 Ei

1 Eiweiß

Hagelzucker zum
Bestreuen

Zubereitung

Mehl, Germ, Salz und Zucker vermischen. Die Butter in der lauwarmen Milch zergehen lassen. Ei und Eiweiß dazugeben und abschlagen bis er seidig und glatt ist. Striezel flechten. Mit Dotter bestreichen, mit Hagelzucker bestreuen und backen.

Ischler Törtchen

Zutaten

Für den Teig:

60 g Staubzucker

60 g zerbröselte Biskotten

70 g Butter

60 g geriebene Mandeln

100 g Mehl

1 Ei

30 g Schokolade

Für die Glasur:

Kochschokolade

Sonnenblumenöl

Für die Creme:

$^{1}/_{4}$ l Schlagobers

250 g Kochschokolade

Zubereitung

Alle Zutaten zu einem Teig kneten. Im Kühlschrank eine $^{1}/_{2}$ Stunde rasten lassen.

Ca. 5 mm ausrollen und Scheiben mit etwa 5 cm Durchmesser ausstechen. Bei 220 °C backen.

Für die Parisercreme Schokolade erweichen. Schlagobers unterrühren und gut aufkochen lassen. Gut auskühlen lassen, bis die Masse hart ist. Anschließend gut aufschlagen.

Nach dem Auskühlen die Törtchen mit Parisercreme zusammensetzen. Im Kühlschrank fest werden lassen. Mit Schokoladenglasur glasieren. Wenn die Glasur fest ist, mit Parisercreme und Mandeln dekorieren.

Omas Tipp:

Zu besonderen Anlässen, z.B. im Fasching, können Sie die Ischler Törtchen auch mit originellen Marzipanfiguren dekorieren.

Danksagung

Herzlichen Dank an alle, die mir ihre Ratschläge, Tipps und Anregungen im persönlichen Gespräch, telefonisch oder per E-Mail mitgeteilt haben.

Weiters danke ich all jenen recht herzlich, die bei der Herstellung und Gestaltung des Buches in irgendeiner Form beteiligt waren.

Ich freue mich auch weiterhin über zahlreiche Rezepte jeder Art von Ihnen, um den kostbaren Schatz nicht in Vergessenheit geraten zu lassen.

Ihr

Leopoldseder Martin

Wenn Sie mit dem Autor Kontakt aufnehmen wollen, erreichen Sie ihn unter:

E-Mail: magicleo@gmx.at
Homepage: https://www.magicleo.at
und
https://www.leo-oma.at

YouTube-Kanal des Autors: Martin Leopoldseder

Rezeptregister

A

B

C

D

E

F

G

I

J

K

L

M

N

O

T

U

V

W

Z

Raum für persönliche Notizen

Raum für persönliche Notizen

Lesetipp:

Jeden Abend zur Ruhe kommen

In diesem sensationellen Buch von Martin Leopoldseder erfahren Sie, wie man...

- Ängste und Sorgen wirkungsvoll abbaut,
- Burnout vorbeugt und vermeidet,
- jeden Abend sicher zur Ruhe kommt und in den Schlaf geführt wird,
- wirksam betet,
- seine Selbstheilungskräfte aktiviert,
- seine Lebensenergie enorm steigert,
- den Tag energetisch neu programmiert,
- mehr positive Erlebnisse in sein Leben zieht,
- seine Nahrung segnet,
- negative Emotionen beseitigt,
- Krankheit als Botschaft versteht,
- das Thymo Training - die Kraftquelle im Alltag richtig anwendet,
- seine Chakren, das Zentrum unserer Energie, sanft öffnet,
- seine wahre Berufung im Leben erkennt,
- Erschöpfungszustände vermeidet,
- Hilfe bei Empfängnisproblemen, Harnverlust, Wechselbeschwerden und Erektionsproblemen erfährt,
- sich zum Beten und Meditieren am besten vorbereitet,
- sich auf seine Zukunft am besten vorbereitet,
- richtig atmet,
- Lebenskrisen meistert,
- und noch vieles mehr...

Erhältlich auf www.amazon.de, www.thalia.at sowie bestellbar in sämtlichen Buchhandlungen in Österreich und Deutschland

Martin Leopoldseder

Jeden Abend zur Ruhe kommen

Frei von Stress, Angst, Sorgen und innerer Unruhe

Ein Übungsbuch für ein glückliches Leben im Einklang mit sich selbst

Lesetipp:
Zeitlose Wege zu ganzheitlicher Gesundheit und Heilung
In diesem sensationellen Buch von Martin Leopoldseder erfahren Sie…

- Die beste, einfachste und günstigste Diät
- Was kann heute noch problemlos gegessen werden
- Wirkliche richtige Ernährung
- Rezepte für sieben gesunde Tage
- Welches Lebensmittel für welches Organ gut ist
- Die größten Ernährungssünden
- Krebshemmende Nahrungsmittel
- Nahrungsergänzungsmittel oder Tabletten
- Wie man mit Emotionen, die uns krank machen, umgeht
- Wie man sich am besten entspannt
- Wie man Krankheiten aus dem Gesicht erkennt
- Die wahren Ursachen von Krankheit, Leid und Schicksalsschlägen
- Wie man mit Krankheit, Leid und Schicksalsschlägen richtig umgeht
- Wie man die Botschaft von Krankheiten erkennt
- Wie man alter-los lebt
- Goldene Gesundheitsregeln
- Zeitlose Gesundheitstipps von damals und von heute
- und noch vieles mehr…

Erhältlich auf www.amazon.de, www.thalia.at, sowie bestellbar in sämtlichen Buchhandlungen in Österreich und Deutschland

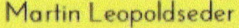
Martin Leopoldseder

Zeitlose Wege zu ganzheitlicher Gesundheit und Heilung

**Praxisbuch zur Vorbeugung und
Behandlung vieler Krankheiten mit
natürlichen Mitteln**